Horst Rolf

Psychologische Probleme bei der Gestaltung der Unternehmensorganisation

Beiträge zur psychologischen Forschung

Band 12

Westdeutscher Verlag

Horst Rolf

Psychologische Probleme bei der Gestaltung der Unternehmensorganisation

Westdeutscher Verlag

Bei dieser Veröffentlichung handelt es sich um eine Dissertation der Universität Dortmund, Fachbereich Gesellschaftswissenschaften, Philosophie und Theologie. (Diss.-Nr.: D 290)

Der Westdeutsche Verlag ist ein Unternehmen der Verlagsgruppe Bertelsmann.

Umschlaggestaltung: Hanswerner Klein, Opladen
Druck und buchbinderische Verarbeitung: Lengericher Handelsdruckerei, Lengerich
Printed in Germany

ISSN 0932-5263

ISBN 3-531-11900-1

I N H A L T S V E R Z E I C H N I S

A. E i n l e i t u n g

Die menschengerechte Gestaltung der Organisation als Ziel der Organisationspsychologie (siehe unten Kap. C) ist in der Praxis nur zu verwirklichen, wenn die Unternehmensorganisation nicht nur unter dem Gesichtspunkt der Humanisierung, sondern auch unter Beachtung des Prinzips der wirtschaftlichen Leistungserstellung gestaltet wird; denn sonst versagt der Unternehmer seine Unterstützung, was zur Folge hat, daß viele Humanisierungsvorschläge von vornherein abgelehnt werden. Hierzu weisen wir im übertragenen Sinne mit P f a f f und K r e n n darauf hin, daß keiner in einem gemalten Hause wohnen kann.[1)] Dem entspräche eine Unternehmensorganisation, deren Gestaltung ohne Rücksicht auf das Wirtschaftlichkeitsprinzip erfolgte und deshalb den Konkurs des Unternehmens herbeiführte. Bei dieser Arbeit handelt es sich um eine empirisch-literaturkritische Untersuchung. Dem Verfasser kommen hierbei seine langjährigen Erfahrungen als Organisator in Großunternehmen der Stahlindustrie und als Leiter der Organisationsabteilung eines gemischten Hüttenwerkes zugute. Außerdem hat der Verfasser mit Studenten des Fachbereichs Wirtschaft der Fachhochschule Dortmund und Studierenden der Vorgängereinrichtung über 100 Betriebsbegehungen in Großunternehmen der Industrie durchgeführt, bei denen Arbeiter, Meister, Sachbearbeiter, Betriebs- und Abteilungsleiter, Vorstandsmitglieder und Betriebsräte über organisatorische Tatbestände und die Lösung der sich aus ihnen ergebenden menschlichen Probleme befragt worden sind.

---

1) Vgl. Pfaff, K. und Krenn, St., "Hilfreiche Beziehungen für Jung und Alt," Schriftenreihe der "Zentralstelle für Weiterbildung und Kontaktstudium im außerschulischen Bereich" der Universität Dortmund, Reihe: Theorie, Analysen, Entwicklungen, Befunde, Heft 8, Dortmund 1983, S. 2

Vgl. auch Krenn, St. und Pfaff, K., "Die Herausforderung des Helfens", Dortmund 1984, S. 6

Es ist das Ziel der vorliegenden Untersuchung, das Verhalten und Erleben der Mitarbeiter in Unternehmen der Bundesrepublik Deutschland an Beispielen der Organisation zu beschreiben und zu erklären sowie Lösungsmöglichkeiten für eine menschengerechte und wirtschaftliche Gestaltung der Organisation vorzuschlagen.

Auf Vollständigkeit kann kein Anspruch erhoben werden. Der Verfasser beschränkt sich unter kritischer Berücksichtigung einschlägiger Literatur im wesentlichen auf organisationspsychologische Probleme im Verwaltungsbereich der Unternehmung. Vor der Erörterung solcher Probleme ist es erforderlich, die zu untersuchenden Bereiche der Organisation jeweils darzustellen. Die Untersuchung erstreckt sich nur auf Probleme in Großunternehmen, von denen jedoch viele auch in kleineren und mittleren Unternehmen auftreten dürften.

Im allgemeinen Teil dieser Arbeit werden Grundbegriffe und Grundfragen aus den Bereichen der Organisation und Psychologie behandelt. Zudem wird die Bedeutung der Gestaltpsychologie und -theorie für die Gestaltung der Unternehmensorganisation gewürdigt und an praktischen Beispielen erläutert.

Der spezielle Teil befaßt sich unter Zugrundelegung der Gestalttheorie als übergeordnetem Erklärungsansatz mit psychologischen Problemen der Aufbau- und Ablauforganisation.

Besonderen Dank für wertvolle Anregungen zu dieser Arbeit schuldet der Verfasser Herrn Professor Dr. Klaus Bräuer und Herrn Professor Dr. Konrad Pfaff.

Seiner Frau, Diplom-Betriebswirtin Regina Rolf, dankt der Verfasser sehr für die konstruktive kritische Begleitung.

B. Allgemeiner Teil

I. Zu den betriebswirtschaftlichen Begriffen "Unternehmung" und "Organisation"

In diesem Kapitel nehmen wir die Abgrenzung und Erläuterung der obengenannten Begriffe vor.

1. Unternehmung

Betriebe sind "Wirtschaftseinheiten oder Wirkungszentren der Wirtschaft".[1a] Nach ihrer Zielsetzung ist zwischen Haushaltungen und Unternehmungen zu unterscheiden. Während Haushaltungen der "Vollendung der Bedürfnisbefriedigung, der Erhaltung und Entwicklung menschlicher Kräfte dienen", betreiben Unternehmungen Gütererzeugung im weitesten Sinne und arbeiten als Fremdbedarfsdeckungsbetriebe letztlich für die Haushaltungen.[2]

Unternehmungen grenzen sich nach der Wirtschaftsordnung voneinander ab. In der marktwirtschaftlichen Ordnung ist ein großer Teil der Unternehmen in Privatbesitz, der beispielsweise bei Aktiengesellschaften weit gestreut sein kann. Diese Unternehmen streben nach Gewinnerzielung und werden deshalb erwerbswirtschaftliche Unternehmungen genannt, z.B. Industriebetriebe, Banken, Handelsbetriebe, Versicherungen, Handwerksbetriebe.[3] Dagegen richten Staatliche Un-

---

1a) Kosiol, E., "Organisation der Unternehmung", 2. Aufl., Wiesbaden 1976, S. 27

2) Ebenda

3) Vgl. Heinen, E., "Betriebswirtschaftliche Führungslehre", Ein entscheidungsorientierter Ansatz, Wiesbaden 1978, S. 19

ternehmungen, z.B. Bundespost und Bundesbahn, sowie Unternehmungen in einer Zentralverwaltungswirtschaft ihr Handeln an "politisch festgelegten Versorgungszielen" aus.[4)]

Gegenstand der folgenden Erörterungen sind vorrangig private Unternehmungen. Sie können auch als ökonomisch orientierte sozio-technische Systeme bezeichnet werden.[5)]

2. Organisation

In der Fachliteratur wird der Begriff "Organisation" unterschiedlich abgegrenzt. Grundsätzlich kann eine Gliederung nach "formaler" und "informaler" Organisation vorgenommen werden.

a) Formale Organisation

Bei der formalen Organisation handelt es sich um Strukturregelungen, die von den "...zuständigen Stellen in der Unternehmung primär nach Wirtschaftlichkeits- und Sicherungsgesichtspunkten sachrational konstruiert und festgelegt werden".[6)]

---

4) Ebenda

5) Vgl. Bleicher, K., "Organisation und Führung der industriellen Unternehmung", in: Industriebetriebslehre in programmierter Form, Band III, Organisation und EDV, Hrsg. H. Jacob, Wiesbaden 1972, S. 20

6) Schwarz, H., "Betriebsorganisation als Führungsaufgabe", 8. Aufl., München 1977, S. 26

aa) Abgrenzung grundlegender Organisationsbegriffe

S c h w a r z erläutert Organisationsbegriffe, denen bestimmte Forschungsrichtungen entsprechen.[7] Er hebt den institutionalen, funktionalen und instrumentalen Organisationsbegriff hervor.

Beim institutionalen Organisationsbegriff werden unter Organisationen "zielgerichtete soziale Systeme" jeglicher Art verstanden, beispielsweise Betriebe, Schulen, Krankenhäuser und dergleichen. S c h w a r z weist auch darauf hin, daß die Gleichstellung von Institutionen mit dem Begriff Organisation für die Betrachtungsweise der sozialpsychologischen und soziologischen Organisationsforschung typisch sei, die das individuelle und soziale Verhalten des Menschen sowie die Leistungs- und Funktionsfähigkeit von Sozialgebilden und andere Fragen zu erklären suche. Diese Auffassung habe sich aber im Gegensatz zur anglo-amerikanischen Organisationslehre in der deutschsprachigen Organisationsliteratur bisher nicht durchgesetzt.[8]

Bei dem funktionalen Organisationsbegriff wird Organisation als Tätigkeit verstanden, die menschliche und maschinelle Arbeitsabläufe ökonomisch effizient gestalten soll.[9]

---

7) Vgl. ebenda, S. 19 f.

8) Vgl. ebenda, S. 19

9) Vgl. ebenda, S. 20

Dem instrumentalen Organisationsbegriff liegt die Ansicht zugrunde, daß Organisation dienenden Charakter besitzen muß und niemals Selbstzweck sein darf, das heißt sie stellt ein Instrument dar, mit dem optimale Leistungsabläufe und somit die Zielerfüllung sozialer Systeme sicherzustellen sind. Bei dieser Betrachtungsweise wird der Begriff Organisation mit der Struktur des Sozialgebildes gleichgesetzt.[10)]

G r o c h l a kennzeichnet Organisation als "...Strukturierung von Systemen zur Erfüllung von Daueraufgaben...",[11)] und B l e i c h e r und M e y e r definieren Organisation als "sozio-strukturelles Phänomen" zusammenfassend wie folgt:

"Im Rahmen integrativer Strukturierung bedeutet Organisation als Tätigkeit die zielorientierte Institutionalisierung von generellen Verhaltenserwartungen. Ergebnisbezogen wird Organisation dementsprechend als System definiert, dessen Elemente durch institutionalisierte generalisierte Beziehungen untereinander verknüpft sind. Voraussetzung der Generalisierung ist die Vorhersehbarkeit repetitiver (sich wiederholender) Sachverhalte, Voraussetzung der Institutionalisierung die Existenz multipersonal-arbeitsteiliger Handlungssysteme. In Anbetracht der erörterten Zusammenhänge müssen demnach Vorhersehbarkeit und Wiederholung von Sachverhalten sowie die multipersonale Arbeitsteilung als unabdingbare Voraussetzung organisatorischer Gestaltung bezeichnet werden."[12)]

---

10) Vgl. ebenda

11) Grochla, E., "Unternehmungsorganisation", Neue Ansätze und Konzeptionen, Reinbek bei Hamburg 1972, S. 13

12) Bleicher, K., Meyer, E., "Führung in der Unternehmung", Formen und Modelle, Reinbek bei Hamburg 1976, S. 90

Ferner nennt B l e i c h e r die Organisation "integrative Strukturierung von Ganzheiten" und meint damit "...eine ordnende Gestaltung, eine bewußte Strukturgebung des betreffenden Sozialgebildes, das als gegliederte Ganzheit aufgefaßt wird...Eine solche Strukturgebung ist nur dort realisierbar, wo strukturelle Freiheitsgrade bestehen. Eine Zwangsstruktur ohne einen solchen Spielraum bietet dagegen der organisatorischen Gestaltung keine Möglichkeiten".[13)]

E u l e n b u r g betrachtet die Organisation als "zusammenfassende Ordnung getrennter Glieder zu einer neuen Einheit"[14)] und legt somit seiner Definition implizit die gestalttheoretischen Ehrenfels-Kriterien zugrunde, nach denen das Ganze mehr als die Summe der einzelnen Teile ist (Übersummenhaftigkeit), weil es auch bei Transposition (Auswechseln der Teile) erhalten bleibt.[15)]

K o s i o l äußert sich über das Wesen der Organisation ganz explizit im Sinne der Gestalttheorie - ohne sie zu nennen - und stellt fest: "Alles Lebendige ist Ganzheit. Diese ist mehr als nur eine additive Verknüpfung, die einzelne Teile äußerlich derart zusammenfaßt, daß sie eigenständig für sich bleiben. Eine

---

13) Bleicher, K., "Organisation als System", Wiesbaden 1972, S. 91

14) Eulenburg, F., "Das Geheimnis der Organisation", Berlin 1952, S. 12

15) Vgl. Ehrenfels, Chr. v., "Über Gestaltqualitäten", in: "Gestalthaftes Sehen", Ergebnisse und Aufgaben der Morphologie, zum hundertjährigen Geburtstag von Christian von Ehrenfels, hrsg. von Ferdinand Weinhandl, 2. Aufl., Darmstadt 1967, S. 18 f. Vgl. auch Rohracher, H., "Einführung in die Psychologie", 11. Aufl., München, Berlin, Wien 1976, S. 199

Ganzheit stellt ein Gefügesystem, das heißt eine gegliederte Einheit dar, deren Glieder nur im Rahmen des Ganzen ihre Eigenheit behalten. Eine solche Gliederung...teilt das Ganze fortschreitend in Untereinheiten auf, die wiederum Ganzheiten sind. Sie bringt insbesondere die einzelnen Glieder zueinander in zusammenhängende wechselseitige Verhältnisse von Gleichordnung, Über- und Unterordnung."[16)]
K o s i o l bezeichnet eine solche Ordnung der Glieder eines Ganzen als Struktur und das Organisieren als "strukturierende Gestaltung der Unternehmungen."[17)]

ab) Begriff und Wesen der Aufbau- und Ablauforganisation und ihr ganzheitliches Interdependenzverhältnis

Die formale Strukturierung der Unternehmung umfaßt die Aufbau- und Ablauforganisation.

K o s i o l kennzeichnet die Aufbauorganisation als "Bestandsphänomen", das die "integrierte Aufgabenstruktur" darstellt und sich mit der Bildung und Verteilung von Aufgaben, der Stellengliederung, den Leitungsbeziehungen und Stäben, den Kommunikationswegen und der Bildung von Kollegien beschäftigt.[18)] Dazu gehören insbesondere die Gestaltung der Organisationsform der Unternehmung, beispielsweise die funktionale

16) Kosiol, E., a.a.O., S. 19

17) Ebenda, S. 19 f.

18) Vgl. ebenda, S. 32 und 186 f.

oder divisionale Organisationsform, die Matrixorganisation sowie die zusätzlichen Organisationsformen wie Einflußprojektorganisation, Reine Projektorganisation und Matrix-Projektorganisation (Siehe unten Abbildungen 1 - 5, Kap. C,I,2c und C,I,4a und b).

Der obengenannte Autor charakterisiert die Ablauforganisation als "Prozeßphänomen", das die "integrierte Prozeßstruktur" beinhaltet und sich auf die "raumzeitliche Strukturierung der Arbeitsprozesse" erstreckt.[19)]

N o r d s i e c k weist darauf hin, daß der Ablauforganisation bei wiederholter Aufgabenerfüllung die Ordnung der Arbeitsabläufe obliegt.[20)]

Das Ziel der Ablauforganisation sieht der Verband für Arbeitsstudien (R e f a) in der Ordnung und "Gestaltung des räumlich-zeitlichen Zusammenwirkens von Mensch, Betriebsmittel und Arbeitsgegenstand", das erforderlich ist, um die einzelnen Aufgaben zu verrichten.[21)]

Da die Ablauforganisation des Unternehmens alle Stellen der Aufbauorganisation verbindet, die beim jeweiligen Arbeitsablauf in Anspruch genommen werden, besteht zwischen beiden eine gegenseitige Abhängigkeit. So bedingt die Änderung eines Arbeitsablaufes die Änderung der Stellenbeschreibungen der betroffenen Stelleninhaber, wenn es sich um Hauptaufgaben handelt.

---

19) Vgl. ebenda, S. 187

20) Vgl. Nordsieck, F., "Betriebsorganisation", Lehre und Technik, Textband, 4. Aufl., Stuttgart 1972, S. 8

21) Refa, Verband für Arbeitsstudien, "Methodenlehre des Arbeitsstudiums", Teil 1, Grundlagen, 2. Aufl., München 1972, S. 42

Teilaufgaben, die sich aus Hauptaufgaben ergeben, werden in die Stellenbeschreibung nicht aufgenommen, um den Mitarbeiter in seiner Handlungsfreiheit nicht einzuengen und die Flexibilität der Organisation zu erhalten.[22)]

Des weiteren sei erwähnt, daß der harte Wettbewerb auf den in- und ausländischen Märkten heute jedes Unternehmen zu Rationalisierungsmaßnahmen und damit beispielsweise zum verstärkten Einsatz elektronischer Datenverarbeitungsanlagen zwingt. Dadurch werden nicht nur Arbeitsabläufe beschleunigt, sondern auch Arbeitskräfte, das heißt Stelleninhaber eingespart, in Großunternehmen vielleicht sogar ganze Gruppen.

Jede Änderung der Aufbauorganisation zieht eine Neugestaltung von Arbeitsabläufen nach sich, zum Beispiel beim Übergang von der Zentralisation (funktionale Organisationsform) auf die Dezentralisation (divisionale Organisationsform).

Die oben erwähnten Beispiele lassen erkennen, daß Aufbau- und Ablauforganisation wegen ihrer gegenseitigen Abhängigkeit (Interdependenzverhältnis) als lebendige ganzheitliche Gestalt mit Fließgleichgewicht interpretiert werden können, auch wenn sie in der wirtschaftswissenschaftlichen Literatur des öfteren methodisch als zwei Säulen der Gesamtorganisation angesehen werden.[23)]

Fließgleichgewicht bedeutet, daß die Organisation kein statisches Gleichgewicht darstellt, sondern sich durch

---

22) Vgl. Höhn, R., "Die Tücken der Stellenbeschreibung", in: management heute + marktwirtschaft, Heft 11, 1975, S. 9

23) Vgl. hierzu Kosiol, E., a.a.O., S. 32

Umwelteinflüsse und innerorganisatorische Bedürfnisse des Unternehmens zeitweilig im Ungleichgewicht befindet und deshalb das Gleichgewicht durch Anpassung wiederherzustellen sucht. Die Tendenz zur Erhaltung und Wiederherstellung des Gleichgewichts eines Systems wird nach Bertalanffy Homöostase genannt.[24)]

Die Erkenntnis der Einheit der Organisation hat zunehmend in vielen Unternehmen dazu geführt, daß die Gruppenbildung in den Organisationsabteilungen nicht mehr wie früher meist üblich nach "Aufbauorganisation", "Ablauforganisation" und "Organisationshilfsmitteln" vorgenommen wird, sondern nach Schwerpunkten erfolgt, zum Beispiel "Rechnungs- und Finanzwesen", "Absatz-, Material- und Fertigungswirtschaft" oder "Personal- und Sozialwesen", wobei sich der Organisator zugleich mit der Aufbauorganisation und der Ablauforganisation, den Organisationshilfsmitteln und der Vordruckgestaltung befaßt; denn der den Arbeitsablauf untersuchende Organisator hat engen Kontakt mit den Stelleninhabern und kann am besten beurteilen, welche Hilfsmittel eingesetzt werden können oder wie die Vordrucke zweckmäßig zu gestalten sind. Deshalb ist bei der Untersuchung und Gestaltung eines Arbeitsablaufs die ganzheitliche Betrachtung notwendig.

---

24) Vgl. Bertalanffy, von, L., "Vorläufer und Begründer der Systemtheorie", in: "Systemtheorie", Forschung und Information, Band 12, Hrsg. Ruprecht Kurzrock, Berlin 1972, S. 25 f.
Vgl. auch Weinert, A.B., "Lehrbuch der Organisationspsychologie", München, Wien, Baltimore 1981, S. 51
Vgl. auch Walter, H.-J., "Gestalttheorie und Psychotherapie", Darmstadt 1977, S. 120

b) Informale Organisation

In jeder Unternehmung bestehen neben den formalen auch informale Organisationsstrukturen, die sich als Beziehungsmuster ungewollt bilden.[25] Solche Beziehungs- und Verhaltensmuster durchsetzen die formale Organisationsstruktur des Unternehmens und können diese fördern oder hemmen. Außerdem ist es möglich, daß informale Verhaltensmuster der formalen Organisation gleichgültig gegenüberstehen.[26]

Die Unterscheidung zwischen formaler und informeller Organisation sowie formalen und informellen Gruppen kann mit dem Hawthorne-Experiment erklärt werden, das in der Western Electric Company in Hawthorne (bei Chicago) durchgeführt und von M a y o (1933) sowie R o e t h l i s b e r g e r und D i c k s o n (1939) nachgewiesen worden ist.[27]

Im Verlaufe der Hawthorne-Untersuchungen wurde in einer Versuchsgruppe zunächst die Beleuchtung als unabhängige Variable verbessert und dann wieder verschlechtert. Sowohl bei der Verbesserung als auch Verschlechterung der Beleuchtung stieg die Leistung als abhängige Variable stetig an. Zudem überraschte die Feststellung, daß auch die Leistungen in einer Kontrollgruppe stiegen, bei der die Lichtstärke unverändert geblieben war. Dieses Phänomen wurde dahingehend interpretiert, daß nicht die Veränderung der Lichtstärke die Leistung der Arbeitsgruppe

---

25) Vgl. Heinen, E., a.a.O., S. 20

26) Vgl. Schwarz, H., "Betriebsorganisation als Führungsaufgabe", a.a.O., S. 26

27) Vgl. von Rosenstiel, L., "Arbeitsgruppe", in: Organisationspsychologie, Hrsg. Arthur Mayer, Stuttgart 1978, S. 237
Vgl. auch Grochla, E., "Unternehmungsorganisation", a.a.O., S. 103

der Lichtstärke die Leistung der Arbeitsgruppe unmittelbar beeinflußt habe, sondern die Arbeiterinnen das Bemühen der Leitung des Unternehmens um ihre Arbeitsbedingungen als Symptom ansahen, daß man sich stärker um ihre Situation kümmere, wodurch die Leistungsbereitschaft der Arbeiterinnen gestiegen sei. Das gelte auch für die Mitglieder der Kontrollgruppe, die über informelle Kanäle von der Untersuchung erfahren hätten.[28)]

Im Rahmen der Hawthorne-Untersuchungen wurde auch festgestellt, daß sich in einer formal als Einheit ausgewiesenen Gruppe zwei informelle Gruppen bildeten, die sich gegenseitig bekämpften und Ziele anstrebten, die im Plan der Ablauforganisation nicht vorgesehen waren.[29)]

T ü r k bezeichnet informelle Gruppen als soziale Gruppen, die durch "spontane Interaktion von Personen" zustandekommen. Er führt die Bildung solcher Gruppen auf die sich aus den Persönlichkeitsstrukturen ergebenden "sozio-emotionalen Sympathiebeziehungen" zurück.[30)]

D a h r e n d o r f weist darauf hin, daß informelle Gruppen auf allen Ebenen der Unternehmenshierarchie auftreten und das gesamte System "...wie ein unregelmäßiges, aber dichtes Netz..." überziehen.[31)]

---

28) Vgl. von Rosenstiel, L., "Arbeitsgruppe", a.a.O., S. 245

29) Vgl. ebenda

30) Vgl. Türk, K., "Soziologie der Organisation", Stuttgart 1978, S. 4
Vgl. auch Wiswede, G., "Gruppe im Betrieb", in: Handwörterbuch der Betriebspsychologie und Betriebssoziologie, hrsg. von P.G. von Beckerath, P. Sauermann, G. Wiswede, Stuttgart 1981, S. 187

31) Dahrendorf, R., "Sozialstruktur des Betriebes", Wiesbaden 1972, S. 39

Er gibt in seinen Ausführungen über die negativen Folgen der informellen Kommunikation für den Betriebsprozeß zu bedenken, daß informelle Gruppen die Möglichkeit haben, "...vom böswilligen 'Klatschen' über das bewußte oder unbewußte 'Bremsen' der Arbeitsleistung bis zum 'wilden Streik' ..." die Bereitschaft der verschiedenen Funktionsträger zur Zusammenarbeit zu hemmen.[32)]

V o n R o s e n s t i e l erwähnt bei der Erörterung formeller und informeller Strukturen und Prozesse, daß sich innerhalb der formalen Organisation Gruppen bilden können, deren Zusammensetzung und Aktivitäten nicht dem Geplanten entsprechen. Die "Abweichung der beobachtbaren Realität vom Plan" kann ein Hinweis darauf sein, daß bei der Gestaltung der formalen Organisation psychologische Variable nicht angemessen berücksichtigt wurden.[33)] V o n R o s e n s t i e l empfiehlt hier, den Organisationsplan mit dem Ziel zu revidieren, die formale Organisationsstruktur der informellen möglichst anzunähern,[34)] wobei den Verhältnissen entsprechend strukturellen oder personellen Maßnahmen der Vorzug zu geben sei.[35)] Dies dürfte jedoch in der Praxis schwer zu verwirklichen sein; denn die Erkenntnis des griechischen Philosophen H e r a k l i t , daß "alles fließt", gilt auch für menschliche Beziehungen und Bindungen. Zum Beispiel kann sich Freundschaft in Feindschaft verwandeln oder umgekehrt. Es darf angenommen werden, daß im Unternehmen kaum die Bereitschaft der

---

32) Ebenda S, 91

33) Vgl. v. Rosenstiel, L., "Grundlagen der Organisationspsychologie", Stuttgart 1980, S. 161

34) Vgl. v. Rosenstiel, L., "Arbeitsgruppe", a.a.O., S. 247

35) Vgl. v. Rosenstiel, L., "Grundlagen der Organisationspsychologie", a.a.O., S. 162

Mitarbeiter vorhanden ist, sich an soziometrischen Verfahren zu beteiligen, die Erkenntnisse über die Bildung informeller Gruppen vermitteln könnten.[36] Selbst wenn diese Bereitschaft vorläge, gäben solche Verfahren nur Aufschluß über gegenwärtige, nicht aber über menschliche Beziehungen in einem längeren Zeitraum.

G r o c h l a hebt bei der Behandlung der informalen Führung hervor, daß sich die im Unternehmen vollziehenden Veränderungen innerhalb der informalen Beziehungsstruktur dem gestaltenden Organisator in der Regel verborgen bleiben und eine "weitgehend unbekannte Größe" darstellen. Deshalb mache es diese Unsicherheit fast unmöglich, durch Organisationsmaßnahmen negative Wirkungen der informalen Führungsbeziehungen abzuschwächen oder positive Wirkungen für produktionssteigernde Beiträge zu aktivieren.[37]

Aus den oben dargelegten Gründen ist es sinnvoll, die Aufbau- und Ablauforganisation des Unternehmens möglichst von vornherein so zu gestalten, daß einerseits die Zielerreichung der Unternehmung gesichert wird und sich andererseits die Mitarbeiter in der Organisation wohlfühlen können. In diesem Rahmen kommt der kooperativen Führung mit Delegation von Verantwortung besondere Bedeutung zu.

---

36) Vgl. hierzu ebenda, S. 163

37) Vgl. Grochla, E., "Unternehmungsorganisation", a.a.O., S. 104

II. Über Begriff und Wesen der Psychologie

Die moderne Psychologie stellt im überwiegenden Konsens das Erleben und Verhalten des Menschen in den Mittelpunkt der Betrachtung.[38]

Nach L ü c k e r t ist "Seelisches" sowohl im Innenaspekt des Erlebens als auch im Außenaspekt des Verhaltens verwirklicht.[39] Er betrachtet das Erleben als Urerfahrung menschlichen Seins, etwa Gefühls-, Denk- oder Willenserlebnisse, und das Verhalten des Menschen als Dialog mit der Umwelt, der beispielsweise im Sozial- oder Leistungsverhalten zum Ausdruck kommt.[40]

R o h r a c h e r sieht eingeschränkt nur die Untersuchung der bewußten Erlebnisse als Aufgabe der Psychologie an. Die seit S i g m u n d F r e u d [41] immer wieder vor allem von der "Tiefenpsychologie" verifizierten unbewußten realen Seelenvorgänge vernachlässigt er und formuliert: "Psychologie ist die Wissenschaft von den bewußten Vorgängen und Zuständen", wobei die Untersuchung der Ursachen und Wirkungen der Erlebnisse sowie "ihre Rolle bei der Entwicklung der

---

38) Vgl. Popp, M., "Einführung in die Grundbegriffe der Allgemeinen Psychologie", 2. Aufl., München und Basel 1979, S. 18

39) Vgl. Lückert, H.R., "Psychologie", Staatslexikon, Band 6, 6. Aufl., Freiburg 1961, S. 566 f.

40) Vgl. ebenda, S. 560 f.

41) Siehe Freud, S., "Das Unbewußte" (1915), in: Freud, S., "Das Ich und das Es und andere metapsychologische Schriften", 23-27. Tausend, Frankfurt 1982, S. 73 ff.

Persönlichkeit" einzuschließen ist.[42]
R o h r a c h e r betont ausdrücklich, daß diese Auffassung der Psychologie keineswegs allgemein anerkannt sei. Er hält es für "...ungefähr richtig, wenn man behauptet, daß von den Psychologen in Europa (einschließlich Osteuropa und Rußland) die Erforschung der menschlichen Erlebnisse als Aufgabe der Psychologie betrachtet wird (außerdem aber auch die Untersuchung des Verhaltens). Amerikanische Psychologen vertreten auch heute noch mehr oder weniger - viele weichen einer klaren Stellungnahme aus - den Standpunkt, daß die Psychologie n u r das Verhalten zu untersuchen habe..." (Behaviorismus) "...und daß sie das bewußte Erleben gar nicht untersuchen könne, weil es 'subjektiv" ist".[43] Es sei deshalb "...wissenschaftlich überhaupt nicht erforschbar..." und müsse daher "...aus dem Forschungsbereich der Psychologie ausgeschaltet werden..."[44]
R o h r a c h e r weist jedoch darauf hin, daß es den bedeutendsten Vertretern des amerikanischen Behaviorismus nur möglich gewesen sei, ihre experimentellen Ergebnisse mit Begriffen aus ihrer "inneren Erfahrung", das heißt aus ihrem Erleben zu erklären, wie etwa "Bedürfnis", "Triebreduktion", "Belohnung", "Bestrafung", während W a t s o n als Begründer des radikalen Behaviorismus behauptet hatte: "Es ist möglich, eine Psychologie zu schreiben und niemals die Begriffe Bewußtsein, seelischer Zustand, Geist, Inhalt, Wille, Phantasie u. dgl. zu gebrauchen". (Watson 1914)[45]

---

42) Rohracher, H., a.a.O., S. 2 und 4

43) Rohracher, H., a.a.O., S. 2 f.

44) Ebenda, S. 3

45) Ebenda

R o h r a c h e r betont, daß der Behaviorismus eine sehr mächtige Richtung sei, die sich ebenfalls "Psychologie" nenne, obgleich sie die eigentlichen intrapsychischen Vorgänge und Zustände nicht erforsche. Er hält Zweifel an der Existenz von Erlebnissen wie Wahrnehmungen, Denkvorgängen, Trieben, Gefühlen und desgleichen nicht für möglich, da auch der Zweifel ein bewußtes Erleben sei und der Zweifler durch seinen eigenen Zweifel widerlegt werde.[46)]
Schließlich wird betont, daß es von der Persönlichkeit des Menschen abhängt, welche Erlebnisse der einzelne in einer Entscheidungssituation hat. Dadurch wird sein Verhalten mitbestimmt.[47)]

H o f s t ä t t e r betrachtet - über Rohracher hinaus - die Psychologie nicht nur unter dem Gesichtspunkt der Wechselwirkung des Erlebens und Verhaltens der Menschen, sondern auch ihrer Werke (Kultur), die er in Tradition des philosophischen Idealismus als Objektivationen menschlicher Psyche ansieht.[48)]

Wir können annehmen, daß Erleben und Verhalten des Menschen immer eine komplexe psychische Einheit bilden. Ein angepaßtes Verhalten sagt noch nichts über die Motive aus, warum sich der Mensch so und nicht anders verhält. Obwohl er sich vielleicht ganz anders verhalten möchte, fügt er sich beispielsweise einem autoritären Vorgesetzten, um seine Stelle nicht zu verlieren.

---

46) Vgl. ebenda

47) Vgl. ebenda, S. 4

48) Vgl. Hofstätter, P.R., "Psychologie", Fischer Lexikon, Nr. 6, 607. - 621. Tausend, Frankfurt a. M., 1977, S. 11

Die Nichtbeachtung des menschlichen Erlebens im Sinne des orthodoxen Behaviorismus könnte dazu führen, daß Menschen im Betrieb allein von ihrer Funktion her gesehen würden, ohne Rücksicht auf ihre innerseelischen Vorgänge, Wünsche, Hoffnungen, Befürchtungen, Motivationen. Sie hätten ausschließlich zu "funktionieren". Das führte zu seelischen Leiden oder psychosomatischen Erkrankungen wie Herzrhythmusstörungen, Magen- oder Darmerkrankungen, die wiederum die Leistungsfähigkeit und den Leistungswillen des Menschen beeinträchtigten.

Herrmann kennzeichnet die Psychologie als "Real- bzw. Erfahrungswissenschaft wie etwa die Physik, Biologie, Soziologie oder Geschichtswissenschaft".[49] Er äußert sich zur psychologisch-wissenschaftlichen Arbeit wie folgt: "Grob gesprochen, geht es...um die Lösung von allgemeinen Problemen, die mit dem Handeln und Erleben des Menschen in der Welt zusammenhängen; es geht darum, wovon sein Verhalten und sein geäußertes Erleben abhängen, wie man es theoriegeleitet erklären und vorhersagen kann, welche gesetzmäßigen Konsequenzen spezifische Verhaltens- und Erlebnisweisen haben, usf." Bei der psychologischen Wissenschaft handle es sich wie bei allen Realwissenschaften primär um das "Begreifen des Unbegriffenen aus allgemeinen Prinzipien".[50] Diese Zielsetzung sei "...unabhängig von den Zielsetzungen psychologischer Technologien und psychologiebezogener nicht-forschender Tätigkeiten...".[51]

---

49) Herrmann, Th., "Psychologie als Problem", Herausforderungen der psychologischen Wissenschaft, Stuttgart 1979, S. 25

50) Ebenda

51) Ebenda, S. 26

Der obengenannte Autor versteht unter psychologischen Technologien - etwa die Techniken, die der Ausbildung von Psychotherapeuten oder Verkehrspsychologen zugrundeliegen[52] - "die Bereitstellung von technologisch begründetem, handlungsspezifischen H i n t e r g r u n d w i s s e n , das dem praktisch Handelnden bei seinen Planungs- und Entscheidungsaufgaben dienlich ist, und durch theoretisch fundierte S t a n d a r d t e c h n i k e n , die Systeme von expliziten technisch-praktischen Handlungsregeln implizieren, zu verbessern suchen". Keinesfalls dürfe man psychologische Technologien als "bloße Anwendungen einer 'reinen' Psychologie" simplifizieren.[53] Vielmehr sollten psychologische Wissenschaft und psychologische Technologien aufgrund ihrer "jeweils eigenständigen Aufgaben und Vorgehensweisen in ihrer Wertschätzung gleichgestellt sein", so daß zwischen ihnen eine fruchtbare Kooperation stattfinden könne.[54] Es sei "nicht Aufgabe der Psychologie als Wissenschaft, wohl aber der psychologischen Technologien, anwendungsorientiert zu sein und die nicht-forschende Praxis vorzubereiten und zu verbessern",[55] etwa im pädagogischen, wirtschaftlich-industriellen oder klinischen Bereich.[56]

---

52) Ebenda, S. 167

53) Ebenda, S. 164

54) Ebenda, S. 165

55) Ebenda, S. 186

56) Vgl. ebenda, S. 167

Herrmann weist darauf hin, daß die Psychologie ein "Netzwerk von Forschungsprogrammen" darstelle.[57] Die wissenschaftliche Psychologie sei als autonom anzusehen, und ihre Forschungsprogramme sollten "...verstärkt mit den Forschungsprogrammen vor allem der Sozial- und Biowissenschaften in Austausch treten und ihre Ergebnisse als 'Mittelbausteine' an psychologische und auch an andere Technologien" weitergegeben werden.[58]

Der obengenannte Autor erwähnt, daß es "falsche Auffassungen von der Psychologie" gebe und zählt dazu beispielsweise die Ansichten derjenigen Psychologen, die sich der marxistischen Weltanschauung verpflichtet fühlen.[59] Nach Auffassung dieser Psychologen habe die Psychologie die gesellschaftliche Aufgabe, "die wahren Bedürfnisse des Menschen zu erkennen und mitzuhelfen, daß er seine wahren Bedürfnisse realisieren" könne.[60] Herrmann hält diese Auffassung für "falsch" und "sinnlos", weil vieles dagegen spreche, "daß ein Kanon, 'wahrer Bedürfnisse'" verbindlich festzulegen oder festzustellen sei. Zudem habe es der Psychologe nicht nur mit "wahren Bedürfnissen", sondern mit den menschlichen Bedürfnissen überhaupt zu tun.[61]

Abschließend wollen wir darstellen, worauf Psychologen, die dem Marxismus verbunden sind, ihr Verständnis von der Psychologie als Wissenschaft gründen.

---

57) Ebenda, S. 18
58) Ebenda, S. 165
59) Vgl. ebenda, S. 12 f.
60) Ebenda, S. 13
61) Ebenda, S. 13 u. 90 f.

S c h u r i g vertritt einen "gesellschaftswissenschaftlichen Psychologieansatz", der sich auf die "besondere gesellschaftliche Umwelt des Menschen" beschränkt, "als deren Widerspiegelung Bewußtsein als höchstentwickelte Form des Psychischen entsteht und den bei weitem wichtigsten Untersuchungsgegenstand der Psychologie bildet."[62)]

H o l z k a m p wirft der "traditionellen Psychologie als 'bürgerliche(r)' Wissenschaft" vor, daß sie "ihren Gegenstand verkürzt und verkehrt bestimmt, nämlich nicht als die Lebenstätigkeit und Subjektivität von konkreten Menschen unter historisch bestimmten, formations- und klassenspezifischen Lebensbedingungen in der bürgerlichen Gesellschaft, sondern als Verhalten und Erleben von abstrakten Individuen, die einer als naturhaft-ahistorisch mißdeuteten Umwelt äußerlich gegenüberstehen." Diese Verfehlung des Gegenstandes sei wiederum "der marxistischen Konzeption nach nicht lediglich eine unzulängliche T h e o r i e , sondern eine Spiegelung wirklicher 'verkehrter' Verhältnisse auf der Oberfläche der bürgerlichen Gesellschaft, der scheinbaren 'Privatheit' voneinander isolierten Individuen, die nur über den Warentausch und die Marktgesetze äußerlich in Verbindung stehen, deren gesellschaftliche Beziehungen sich also als naturhafte Beziehungen zwischen Sachen verselbständigt haben..."[63)]

---

62) Schurig, V., "Der Gegenstand der Psychologie als historisches Verhältnis von Natur und Gesellschaft" in: "Kritische Psychologie", I. Kongreß Kritische Psychologie in Marburg vom 13. bis 15. Mai 1977, Hrsg. Karl-Heinz Braun und Klaus Holzkamp, Band I, Köln 1977, S. 90

63) Holzkamp, K., "Kann es im Rahmen der marxistischen Theorie eine kritische Psychologie geben?", in: "Kritische Psychologie", Hrsg. Karl-Heinz Braun und Klaus Holzkamp, Band I, Köln 1977, S. 47

Da die "bürgerliche Psychologie diesen Schein nicht wissenschaftlich" begreife, "sondern in ihrer Gegenstandsbestimmung blind" reproduziere, sei "sie selbst in den Formen der bürgerlichen Ideologie von der Ungesellschaftlichkeit des Menschen und der Naturwüchsigkeit und Unveränderbarkeit seiner Lebensverhältnisse befangen" und diene somit "dem Interesse des Kapitals an der Erhaltung der bestehenden gesellschaftlichen Verhältnisse".[64] Die "Kritische Psychologie" jedoch begreife die "bürgerliche Klassenwirklichkeit" als veränderbar und stehe "...notwendigerweise im Widerspruch zum herrschenden Interesse und auf der Seite derer, die an einer qualitativen Änderung der bestehenden gesellschaftlichen Verhältnisse zur Schaffung menschenwürdiger Lebensbedingungen für alle interessiert sein müssen."[65]

H o l z k a m p veranschaulicht die "Parteinahme für die Interessen der Lohnabhängigen" am Beispiel Galileis, der mit seiner Auffassung vom heliozentrischen Planetensystem "einen qualitativ entwickelteren Stand wissenschaftlicher Erkenntnis" gewonnen hatte, die der kirchlichen Lehre widersprach, und er deshalb von den herrschenden Klassen "durch Drohung mit Existenzvernichtung politisch diszipliniert" worden ist.[66]
Im Hinblick auf die Einstellung der "bürgerlichen Psychologen" schreibt der Autor: "Ich verlange natürlich nicht, daß unsere Kollegen von der traditionellen

---

64) Ebenda, S. 47 f.

65) Ebenda, S. 48

66) Ebenda

Psychologie oder Wissenschaftstheorie die hier angedeutete marxistische Auffassung über das Verhältnis zwischen Erkenntnis und Parteilichkeit samt den darin liegenden politischen Implikationen einfach akzeptieren. Es wäre aber schon viel geholfen, wenn sie unsere geschilderte Argumentation wenigstens zur Kenntnis nehmen und sich bei ihren Widerlegungsversuchen d a r a u f beziehen würden, anstatt ihre alten Thesen von der Neutralität der Wissenschaft und der politischen Verantwortung des Wissenschaftlers als Privatmann ungerührt immer noch einmal zu wiederholen".[67)]

Es würde den Rahmen dieser Arbeit sprengen, auf die Ansichten von Herrmann, Schurig und Holzkamp im einzelnen einzugehen. Hier soll nur erwähnt werden, daß auch wir wie H o l z k a m p menschenwürdige Lebensbedingungen für alle anstreben,[68)] wobei wir uns den Arbeitnehmern besonders verbunden fühlen, ihre Lebensverhältnisse in evolutionären Prozessen für veränderbar halten und dies als notwendig erachten. Diesem Ziele dienen zum Beispiel Bestrebungen zur Humanisierung der Arbeit, deren Realisierung jedoch ohne partnerschaftliche Beziehungen zu den Arbeitgebern kaum möglich sein dürfte. Gerade in der zur Zeit schwierigen weltwirtschaftlichen Lage kommt vor allem den Arbeits-, Sozial- und Organisationspsychologen die Aufgabe zu, die Unternehmer davon zu überzeugen, daß

---

67) Ebenda, S. 49

68) Vgl. ebenda, S. 48

die menschengerechte Gestaltung der Arbeit nicht nur für den Arbeitnehmer, sondern auch für den Arbeitgeber besonderen Nutzen stiftet, weil durch Schaffung menschenwürdiger Arbeitsbedingungen Arbeitszufriedenheit und Betriebsklima wesentlich verbessert werden und sich Leistungswille und Leistungsbereitschaft der Mitarbeiter erhöhen, was letztlich zu Kostensenkungen führt, die bei der harten Wettbewerbssituation auf den in- und ausländischen Märkten für das Unternehmen lebensnotwendig sind.

III. Zur Bedeutung der Gestalttheorie für die Gestaltung der Unternehmensorganisation

Nicht nur aus wissenschaftlicher Folgerichtigkeit innerhalb der wissenschaftlichen Psychologie,[71] sondern auch aus der langjährigen Erfahrung des Verfassers als Organisator in Großunternehmen der Stahlindustrie und als Leiter der Organisationsabteilung eines gemischten Hüttenwerkes ergibt sich unseres Erachtens die Einsicht, daß von allen sogenannten "psychologischen Schulen" die gestalttheoretische Sichtweise den besten Zugang zur Lösung der organisationspsychologischen Probleme im Unternehmen gewähren dürfte.

Die Erfahrungen des Verfassers in den oben erwähnten Großunternehmen erstrecken sich sowohl auf die Rationalisierung der Aufbauorganisation, zum Beispiel die Aufgaben-, Abteilungs-, Bereichsgliederung, Stellenbildung und Stellenbeschreibung, Gestaltung der Stellvertretung und der Organisationsform der Unternehmung, als auch auf die Rationalisierung der Ablauforganisation, wie Aufnahme und Kritik des Istzustandes, Gestaltung des Sollzustandes, Büroraumplanung und Arbeitsplatzgestaltung, Gestaltung des Vordruckwesens und Auswahl und Steuerung des Organisationsmitteleinsatzes. Solche Aufgaben sind in der Organisationspraxis nicht isoliert oder additiv, sondern in einem ganzheitlichen Interdependenzverhältnis zu betrachten, das heißt ihre Eigenständigkeit besteht nur im Rahmen von Ganzen. Dies entspricht der Auffassung der Gestalttheorie.

---

71) Vgl. Piel, W., "Wissenschaftstheoretische Probleme der Sonderpädagogischen Psychologie", in: Bürli, A., (Hrsg.), Sonderpädagogische Theoriebildung, Luzern 1977, S. 100

1. Gestaltpsychologie und Gestalttheorie

Der Begriff "Gestalt" wurde 1890 durch Christian von E h r e n f e l s in die Psychologie eingeführt und fand später durch die eigentlichen Begründer der Gestaltpsychologie und -theorie - die sogenannte "Berliner Schule" der 20er und frühen 30er Jahre - wie W e r t h e i m e r, K o f f k a, K ö h l e r und L e w i n als Lehnwort Eingang in die angelsächsische Wissenschaftssprache[72], als diese Wissenschaftler, von den Nationalsozialisten verfolgt, nach Amerika emigrierten.

Das Substantiv "Gestalt" hatte sich bereits im Mittelhochdeutschen gebildet. Seine Bedeutung entwickelte sich in zwei Richtungen, nämlich als bestimmte, beschreibbare Form, etwa die Gestalt eines Menschen oder Berges, und als veränderbare Form, das heißt als etwas Konkretes oder Begreifbares, das geformt werden kann.[73]

Die Wurzeln der Gestaltpsychologie sind bereits in der Antike zu finden.[74]
An dieser Stelle soll auch eine verwandte Richtung erwähnt werden, die sogenannte "Ganzheitspsychologie", deren Vertreter K r ü g e r, V o l k e r t, S a n d e r, W e l l e k, L e r s c h und E h r e n s t e i n (Leipziger Schule) mit den Vertretern der Berliner Schule vor allem in den 20er Jahren dieses Jahrhunderts einen lebhaften Streit über Einzelfragen geführt haben, der die Experten beider Schulen gegenseitig anregte und befruchtete.[75]

---

72) Vgl. Steinkopff, J., "Semantische Betrachtungen zum Begriff "Gestalt", Gestalt Theory, Vol. 1, No. 1, 1979, S. 12 und 15

73) Vgl. ebenda, S. 12

74) Vgl. ebenda

75) Vgl. Piel, W., "Kleines Lehrbuch der Lernpsychologie", a.a.O., S. 55

Die theoretischen Grundlagen der Gestaltpsychologie wurden zunächst auf dem Gebiet der Wahrnehmung erforscht, später auf andere Gebiete der Psychologie ausgeweitet, zum Beispiel Gedächtnis, Denken, Lernen, Entwicklung, Handlungen.[76)] S a d e r sieht in der Gestaltpsychologie im wesentlichen "...kategoriale Probleme der Ordnung, der Strukturen und Prozesse des Seelischen..."[76a)]
Nach der Gestalttheorie, die eine Ausweitung der Gestaltpsychologie ist,[77)] weil durch Köhlers Isomorphieannahme (Gleichgestaltetheit in verschiedenen Realitätsbereichen[77a)]) ihre formalen und dynamischen Gesetzlichkeiten auch auf außerpsychische Wissenschaften übertragen wurden,[78)] sind Gestalten in gegenständlicher und eigenschaftlicher Weise aufzufassen. Es handelt sich bei ihnen um "überpunktuelle Gebilde oder Sachverhalte", die als Ganze eine eigene Qualität besitzen und deren Gestalteigenschaften zum Beispiel Wesens- oder Ausdruckseigenschaften, Struktureigenschaften, Materialbeschaffenheiten oder Richtungseigenschaften sein können. Gestalten sind niemals starr, sondern immer dynamisch zu verstehen.[79)]

K a t z geht von optischen Figuren aus und hält etwa folgende Gestalteigenschaften für wesentlich: "Eine Gestalt ist, abgesehen von ihrer Ganzheit, dadurch gekennzeichnet, daß sie abgesondert, abgehoben,

---

76) Vgl. ebenda, S. 55 f.
76a) Sader, M., "Ganzheitspsychologische Aspekte in der neueren Persönlichkeitspsychologie", Gestalt Theory, Vol. 5, No. 4, 1983, S. 241
77) Vgl. Piel, W., "Kleines Lehrbuch der Lernpsychologie", a.a.O., S. 55
77a) Vgl. hierzu Reuter, H., "Gedanken zum schöpferischen Prozeß in der bildenden Kunst", Die Bedeutung der Ausdruckstheorie Arnheims für die monographische Analyse eines Bildes von Emil Nolde, Gestalt Theory, Vol. 6, No. 4, December 1984, S. 261
78) Vgl. Köhler, W., "Die Aufgabe der Gestaltpsychologie", übersetzt aus dem Englischen von Hertha Kopfermann und Lili Köhler, Berlin und New York 1971, S. 50 und S. 67 f.
79) Vgl. Steinkopff, J., a.a.O., S. 15 f.

geschlossen und gegliedert ist. Das figurale Gestalterlebnis stellt eine Einheit dar, die vom Erlebenden in der Regel nicht beliebig geändert werden kann. Je stärker die Gestalt, um so stärkeren Widerstand leistet sie äußeren Eingriffen. In dem Aufbau einer Gestalt bestimmen das Ganze und seine Glieder sich wechselseitig, wobei die Gesamtqualität phänomenal über die Qualitäten der Glieder dominiert. Dieser Satz gilt um so mehr, je größer die Innigkeit des Gestaltgefüges ist."[80)]

Gegenbegriff zum Gestaltbegriff ist das "Aggregat" oder die "Und-Summe", bei denen die Eigenschaften der Ganzen nicht anders als die ihrer kleinsten Elemente sind,[81)] während das Grundprinzip der Gestalttheorie lautet: Das Erlebnisganze ist den Teilen vor- und übergeordnet,[82)] es ist etwas anderes, einmaliges, als nur die Summe der Teile und gliedert sich in diese nur aus.

Die Gestaltpsychologen haben aufgrund umfangreicher empirischer Untersuchungen entdeckt, daß zum Beispiel die Wahrnehmung weder durch subjektive Willkür noch durch einfache Reizabfolgen und ihre Verknüpfung (Assoziation) bestimmt wird, sondern für das Zustandekommen der einheitlichen Ordnungen (Gestalten) psychische Gesetzmäßigkeiten gelten, deren Bedingungen die sogenannten Gestaltgesetze, auch als Gestaltfaktoren bezeichnet, verdeutlichen.[83)] Das bedeutet: Für das Zustandekommen einheitlicher Erscheinungen im Erleben und Handeln müssen die Einzelglieder auf der Objekt-

---

80) Katz, D., "Gestaltpsychologie", bearbeitet und ergänzt von Wolfgang Metzger, Michael Stadler und Heinrich Crabus, Basel/Stuttgart 1969, 4. Aufl., S. 57

81) Vgl. Steinkopff, J., a.a.O., S. 15

82) Vgl. ebenda, S. 15 f.

83) Vgl. Piel, W., "Gestalttheorie als Wissenschaft und als Wissenschaftstheorie", in: Gestalttheorie und Sozialarbeit, Hrsg. Kurt Guss, Darmstadt 1979, S. 8 f.

seite in bestimmter Weise konfiguriert sein, sonst lösen sie sich auf; und solche Ordnungsbedingungen der Einzelglieder gelten - außer bei der Wahrnehmung - auch für Vorstellungen, Gefühle, Antriebe, Denk- und Lernprozesse, Wollungen, Handlungen, für die Entwicklung.[84)]

M e t z g e r bezeichnet die Gestaltgesetze als die "funktionellen Gesetzmäßigkeiten des Seelischen".[85)] Zu ihnen gehören zum Beispiel die Gestaltgesetze der "Nähe", "Ähnlichkeit", "Umschlossenheit", "guten Fortsetzung", "gemeinsamen Bewegung" und "Erfahrung".[86)] Die Gestaltgesetze "erzwingen jedoch nicht den Zusammenhang", wie P i e l hervorhebt,"sondern regen ihn nur an, weil die Aktivität der Psyche auch andere Gliederungen gestalten kann".[87)] Er führt dazu aus, daß für das Zustandekommen von Gestalten außer den obengenannten auch verschiedene topologische Faktoren wirksam sind. Bei ihnen kann es sich um intrapsychische, intraphysische, interpersonale oder auch solche der personalen Umwelt handeln.[88)] Auch werden alle außerpersonalen Faktoren von den intrapersonalen modifiziert und umgekehrt. Alle diese Faktoren wirken zusammen als

---

84) Vgl. ebenda, S. 8

85) Metzger, W., "Psychologie", 5. Aufl., Darmstadt 1975, S. 326

86) Vgl. Piel, W., "Gestalttheorie als Wissenschaft und als Wissenschaftstheorie", a.a.O., S. 9

87) Piel, W., "Kleines Lehrbuch der Lernpsychologie", a.a.O., S. 110

88) Vgl. Piel, W., "Gestalttheorie als Wissenschaft und als Wissenschaftstheorie", a.a.O., S. 9

"bewußte oder unbewußte dynamische Feldkräfte (Spannungsfeld)" und begründen die Erkenntnis-, Denk-, Handlungs- oder andere Gestalt. Das bedeutet jedoch, "...daß die nach den Gestaltgesetzen und topologischen Faktoren der Gesamtsituation vorgegebenen Einzelmerkmale nur dann umfiguriert werden können, wenn die kognitiven dynamischen Faktoren des Individuums überlegen sind, z.B. bei ausreichender Intelligenzausstattung, schöpferischer Phantasie etc. Die Gestalt oder das Feld kann dann umstrukturiert werden. Umgekehrt können aber auch durch anders geartete Erfahrungen mangelnde kognitive Ausstattung oder pathologische Eigenschaften Festlegungen (Rigidität) oder Gestaltzerfall (als Einschränkung oder Auswucherung) entstehen."[89]

Die Erkenntnisse der Gestaltpsychologie und Gestalttheorie sind bei der Gestaltung der Unternehmensorganisation eine wertvolle Hilfe. Auch Unternehmungen sind Gestalten. Sie haben unterschiedliche Strukturen, wie es die in der Praxis anzutreffenden Organisationsformen und vielfältigen Aufbau- und Ablaufstrukturen zeigen.[90] Hier findet man prägnante Gestalten, die sich durch sinnvolle und klare Gliederung auszeichnen, aber auch diffuse Gestalten, denen es an Ordnung und Geschlossenheit mangelt. Dies belegen die Organisationspläne (Organigramme) und Arbeitsablaufdiagramme mancher Unternehmen.
Es gibt aber auch Unternehmungen, deren Strukturen als Mißgestalten bezeichnet werden können, wenn sich zum Beispiel die Verwaltungsabteilungen aufgebläht haben und Richtlinien der freien Entfaltung der Mitarbeiter auf den unteren hierarchischen Ebenen kaum Spielraum lassen.[91]

---

89) Ebenda

90) Zum Beispiel Abbildungen 1 - 3, Kap. C.I.2c, Abb. 4 + 5, Kap. C.I.4a und Abbildung 9, C.II.5

91) Siehe hierzu Abbildung 7, Kap. C.II.5

Häufig wird auch der vorhandene Spielraum, die Organisation menschengerecht zu gestalten, nicht genutzt. Die folgenden Erkenntnisse von Pfaff und Krenn können ebenso auf Vorgesetzte in der Unternehmung übertragen werden.

"Viele Beamte, Lehrer, Sozialarbeiter machen die Ordnung noch ordentlicher, die Enge noch enger, die Vorschriften noch genauer, die Systematik noch systematischer, die Bürokratie noch formeller.
Es sind die Befürchtungen, die über Gebühr uns einordnen lassen.
Sie übertreiben, was von uns erwartet und verlangt wird und bleiben am Buchstaben hängen. Sie übersehen die Chancen, die in den Zeilen von Verordnungen stecken und tragen eigentlich erst dazu bei, der persönlichen Behinderung Raum zu geben. Sie sehen nicht mehr, daß jedes System Freiräume zuläßt, jede Verordnung Lücken hat, jede Vorschrift der Interpretation bedarf".[91a)]

Diese Verhaltensweisen verhindern eine menschengerechte Gestaltung der Organisation im Unternehmen, da solche Vorgesetzten die vorhandenen Spielräume bei Richtlinien für Arbeitsabläufe nicht ausschöpfen und an den Buchstaben der Richtlinien hängenbleiben, weil sie vielleicht ihre Ängstlichkeit für Loyalität halten und "...ihr Sicherheitsbedürfnis als notwendige Stabilisierungsmaßnahme für nahtloses Handeln" ansehen.[91b)]

91a) Pfaff, K., Krenn, St., "Hilfreiche Beziehungen für Jung und Alt", a.a.O., S. 56 f.

Siehe auch Krenn, St. und Pfaff, K., "Die Herausforderung des Helfens", Dortmund 1984, S. 58 f.

91b) Pfaff, K. und Krenn St., "Hilfreiche Beziehungen für Jung und Alt", a.a.O., S. 55 u. 56 f.

Damit schaffen sie starre Organisationsstrukturen, das heißt Mißgestalten. Diese führen aber zum Gestaltzerfall und letztlich zur Gestaltauflösung im Konkurs; denn nicht nur die wirtschaftliche, sondern auch die menschengerechte Gestaltung der Organisation ist für eine erfolgreiche Führung des Unternehmens unerläßlich.[91c)]

P f a f f hält die "Erstarrung der Institution" für "ihre tödliche Krankheit" und gibt weiter zu bedenken: "Die Institution kann nicht auf die wechselnden Situationen reagieren, die Flexibilität ist nicht mehr da. Der Gestaltwandel der Institution hängt von ihrer Lernfähigkeit ab. Ob jemals Organisationen und Institutionen lernen werden, wird ihnen zur Schicksalsfrage."[91d)]

2. Ausgewählte Gestaltgesetze und Beispiele für ihre Anwendung in der Unternehmensorganisation

Im folgenden werden eine Reihe von Gestaltgesetzen behandelt, deren Anwendung die Lösung psychologischer Probleme bei der Gestaltung der Unternehmensorganisation erleichtert. Diese Gesetze (Gesetzmäßigkeiten) sind nicht isoliert zu betrachten, sondern im Zusammenhang zu sehen und als übergeordnete Erklärungsansätze aufzufassen.

Die erwähnten Beispiele sollen nur zur Verdeutlichung der Probleme beitragen. Weitere Beispiele werden im speziellen Teil dieser Arbeit erörtert.

91c) Vgl. hierzu Grochla, E., "Grundlagen der organisatorischen Gestaltung", Stuttgart 1982, S. 93

91d) Pfaff, K., "Lernen und Lieben wider die Ordnungen", Dortmund 1984, S. 128

a) Gesetz der Gleichartigkeit

M e t z g e r faßt die Faktoren der Gleichheit und Ähnlichkeit zum Gesetz der Gleichartigkeit zusammen.[92)]
Maßgebend für die Bildung von Einheiten ist das "... gegenseitige Verhältnis, das inhaltliche Zueinander des Gegebenen."[93)] Als zusammengeschlossen erscheint, "was seiner Natur nach zusammengehört".[94)] Wird in die Zusammenhangsverhältnisse willkürlich eingegriffen und die sinnvolle Gliederung durch eine weniger sinnvolle verdrängt, ergibt sich bei der Überschreitung einer gewissen Grenze ein "wirres Durcheinander", da "unsere seelische Organisation nur ein geringes Maß an Sinnwidrigkeit duldet."[95)]

Die Gleichartigkeit kann sich auf Form, Charakter, Material, Richtung des Verhaltens, Herkunft, Sprache, religiöses Bekenntnis, Beruf, Lebensweise, Sitten, Überzeugungen, Interessen, Ziele und Ideale erstrekken, wobei die Anziehungskraft verwandter Strukturen gegeben ist.[96)]

Ein Verstoß gegen das Gesetz der Gleichartigkeit im Betrieb ist zum Beispiel die ungleiche Bezahlung bei Männern und Frauen, die gleiche Tätigkeiten ausüben. Ungleiche Bezahlung bei gleicher Leistung wird vor

---

92) Vgl. Metzger, W., "Figural-Wahrnehmung", in: Handbuch der Psychologie, Band I, 2. Aufl., Göttingen 1974, S. 700

93) Metzger, W., "Psychologie", a.a.O., S. 106

94) Ebenda

95) Ebenda, S. 107

96) Vgl. ebenda, S. 124 und 128

allem von den Betroffenen als ungerecht erlebt. Das Gefühl der Ungerechtigkeit verursacht bei den schlechter bezahlten Mitarbeiterinnen einen "...inneren Spannungszustand, der darauf drängt, ...die 'Gerechtigkeit' wiederherzustellen".[97] Ist dies nicht zu erreichen, kann eine Reduktion der Spannung durch Verringerung der Arbeitsleistung, häufiges Fehlen oder sogar durch "Verlassen des Feldes", das heißt durch Kündigung des Arbeits- oder Dienstvertrages herbeigeführt werden.[98]

Als weiteres Beispiel sei erwähnt, daß bei der Zellenbauweise die Ausstattung der Büroräume mit Möbeln oft nicht nach den Gesichtspunkten der Zweckmäßigkeit und Wirtschaftlichkeit erfolgt, sondern von der Machtposition und Großzügigkeit des Abteilungsleiters abhängt. Der kostenbewußte Vorgesetzte neigt zu einer "spartanischen" Ausstattung und lehnt aufwendigere Einrichtungen ab. Das führt zur Unzufriedenheit seiner Mitarbeiter, wenn Büroräume in anderen Abteilungen des Unternehmens wesentlich besser eingerichtet sind. Durch die ungleiche Behandlung können Neidgefühle gegenüber den bevorzugten Mitarbeitern anderer Abteilungen verursacht werden, so daß die Zusammenarbeit zwischen diesen Abteilungen leidet. Zudem richtet sich die Unzufriedenheit der benachteiligten Mitarbeiter gegen den Vorgesetzten. Sie fühlen sich geringschätzend behandelt und sind nicht mehr bereit, die Interessen und Ziele des Vorgesetzten voll zu unterstützen.

---

97) Weinert, A.B., "Lehrbuch der Organisationspsychologie", München, Wien, Baltimore 1981, S. 282 f.

98) Vgl. ebenda
Vgl. auch Secord, P.F., Backman, C.W., "Sozialpsychologie", "Ein Lehrbuch für Psychologen, Soziologen und Pädagogen", übersetzt aus dem Amerikanischen von A. Eher, U. Rennert, K. Siegfried, 3. Aufl., Frankfurt 1980, S. 491 f.

b) Gesetz der Nähe

K r e c h und C r u t c h f i e l d weisen darauf hin, daß unter sonst gleichen Bedingungen "...näher benachbarte Reize mit größerer Wahrscheinlichkeit zusammengefaßt (werden) als weiter auseinanderliegende". Die Autoren räumen jedoch ein, daß nahe beieinander liegende Elemente nicht zwangsläufig als Gruppe erlebt werden, da die Gruppierung auch von vielen anderen Faktoren abhänge.[99)]

M e t z g e r hebt hervor, daß beim Gesetz der Nähe möglichst dichte, von anderen sich abhebende Gruppen wahrgenommen werden.[100)]

Als Beispiel läßt sich die "Nähe" zwischen einem Vorstandsmitglied und seinen ihm direkt unterstellten Sekretärinnen und Assistenten nennen. Hier ist nicht die räumliche, sondern die psychische Nähe entscheidend, die Beziehungsstruktur. Erlebt diese Gruppe besonders nahe Beziehungen, die durch gegenseitige Achtung, Wertschätzung und Anerkennung geprägt sind, so identifizieren sich die Gruppenmitglieder mit den Zielen und Ressortinteressen "ihres" Vorstandsmitgliedes.[101)] Dieses setzt sich als Belohnung für die Unterstützung seiner Eigenvorstellung[102)] und Ziele in besonderem Maße für seine Sekretärinnen und Assi-

---

99) Vgl. Krech, D., Crutchfield, R.S., "Grundlagen der Psychologie", Band I, aus dem Amerikanischen übertragen und bearbeitet von Hans Werner Wendt und Otto M. Ewert, 6. Aufl., Weinheim und Basel 1974, S. 78

100) Vgl. Metzger, W., "Figural-Wahrnehmung", a.a.O., S. 761

101) Vgl. hierzu Crech, D., Crutchfield, R.S., a.a.O., S. 194 f.

102) Vgl. hierzu Secord, P.E., Backman, C.W., a.a.O., S. 276

stenten ein, etwa durch großzügige Gehalts- und Urlaubsgewährung oder durch die Aufnahme in die Altersversorgung der Leitenden Angestellten des Unternehmens. Bei einer solchen Beziehungsstruktur werden offene oder verdeckte Aggressionen aus anderen Vorstandsbereichen der Unternehmung gegen das eigene Vorstandsmitglied oder gegen eines der obengenannten Gruppenmitglieder gemeinschaftlich abgewehrt.

Das Gestaltgesetz der Nähe gilt ebenso für den Abteilungsleiter und seine Sekretärin, Stenotypistin oder Phonotypistin im Vorzimmer. Darüber können Organisatoren berichten, die im Auftrage des Vorstandes Vorzimmer auflösen sollen, um dringend benötigte Büroräume bereitzustellen und durch Einrichten eines zentralen Schreibzimmers den Mangel an guten Schreibkräften zu mildern oder zu beheben. Der gemeinsame Widerstand der Abteilungsleiter und ihrer Mitarbeiterinnen und Mitarbeiter gegen solche Maßnahmen des Vorstandes kann so groß sein, daß sich der Vorstand gezwungen sieht, seinen Beschluß zurückzunehmen.

Ferner soll noch erwähnt werden, daß das Gesetz der Nähe auch für den Leiter einer Abteilung und seinen Stellvertreter zutrifft, wenn beide ein "gutes Gespann" bilden und der Stellvertreter nicht gegen den Willen des Leiters eingesetzt wurde.[103)]

Für die oben erwähnten Beispiele gilt ebenso das Gestaltgesetz der Geschlossenheit.

---

103) Vgl. hierzu, Höhn, R. und Böhme, G., "Führungsbrevier der Wirtschaft", 9. Aufl., Bad Harzburg 1977, S. 256 f.

c) Gesetz der Geschlossenheit

Nach diesem Gestaltgesetz werden Wahrnehmungsinhalte, Gedächtnisinhalte oder Handlungen zu einem zusammengehörigen Ganzen miteinander verknüpft und erfahren so einen festen Zusammenhalt.[104)]

Neben den bereits im vorigen Abschnitt beschriebenen Beispielen können weitere genannt werden, etwa die in Gruppen anzutreffende Geschlossenheit, mit der sowohl die Arbeitnehmer- als auch Arbeitgebervertreter bei kontroversen Fragen im Aufsichtsrat abstimmen, ferner der Zusammenhalt der Mitglieder der "Union der Leitenden Angestellten" (ULA) oder der gewerkschaftlich organisierten Betriebsratsmitglieder. Das gilt ebenso für informelle Gruppen, zum Beispiel die Kegelrunde der leitenden Angestellten, die oft wie "Kletten" zusammenhängen und gegen deren Willen im Unternehmen schwerlich Neuerungen durchzusetzen sind.

Schließlich sei noch die Untersuchung und Gestaltung von Arbeitsabläufen erwähnt, bei der nicht nur auf die gründliche Aufnahme des Istzustandes und die Gestaltung des Sollzustandes Wert zu legen ist, sondern auch die spätere Einführung des neuen Arbeitsablaufs stets im Auge behalten werden muß. Die besten Vorschläge sind wertlos, wenn sie wegen großer Widerstände obengenannter Gruppen im Schreibtisch eines Vorstandsmitgliedes liegenbleiben, weil der Organisator vielleicht mit den Beteiligten schlecht zusammengearbeitet hat.

---

104) Vgl. Fröhlich, W.D., Drever, J., Wörterbuch zur Psychologie, 12. Aufl., München 1978, S. 142

d) Gesetz des gemeinsamen Schicksals oder des übereinstimmenden Verhaltens

Hier handelt es sich nach P o p p um "...Gruppierungen in der Wahrnehmung, die bei Bewegung zu einem formbeständigen Ganzgebilde werden können".[105]

M e t z g e r weist darauf hin, daß dieses Gestaltgesetz ebenfalls Bedeutung für den Zusammenschluß zu Gruppen hat, und zwar im Sinne der Gemeinsamkeit bestimmter Menschen gegenüber den abweichenden Bewegungen anderer.[106]

Im Unternehmen können derartige Gruppen beispielsweise aus Mitgliedern bestehen, die schwerbeschädigt oder schwerbehindert sind, die das Unternehmen nach dem 2. Weltkrieg wieder aufgebaut haben, die im Gedinge (Gruppenakkord unter Tage) arbeiten, aber auch Mitarbeiter, die in einer Projektorganisation unter besonderem Erfolgszwang stehen, zum Beispiel beim Bau einer großen Hängebrücke oder eines Verwaltungshochhauses. Solche Gruppen haben durch das "gemeinsame Schicksal" das sogenannte "Wir-Gefühl" und gewöhnlich einen festen Zusammenhalt.

---

105) Popp, M., a.a.O., S. 42

106) Vgl. Metzger, W., "Psychologie", a.a.O., S. 129

e) Gesetz der Erfahrung

Aus der Erfahrung bereits bekannte Gestalten erleichtern den Vorgang der Wahrnehmung.[107]
In diesem Zusammenhang kann auch der Gestaltfaktor des "Aufgehens ohne Rest" genannt werden, dem das Prinzip entspricht, "...daß alles Spätere möglichst aus Früherem hervorgeht, d.h. daß möglichst Weniges ganz vergeht und ganz neu entsteht..."[108]

Dem obengenannten Gestaltgesetz entsprechend sollte beispielsweise bei der Neugestaltung des Betriebskontenplanes die Grundstruktur des alten Planes beibehalten werden, weil dann die gesuchten Kontennummern besser zu finden (wahrzunehmen) sind.

Außerdem soll als Beispiel die Neugestaltung der Organisationsform des Unternehmens erwähnt werden. So ist es sinnvoll und in der Praxis üblich, beim Übergang von der funktionalen Organisationsform auf die Spartenorganisation (divisionale Organisation) - Vgl. Abbildungen 1 - 4, Kap. C.I.4a - nur einen Teil der vorhandenen Abteilungen den einzelnen Sparten zuzuordnen, während Abteilungen, die Leistungen für das gesamte Unternehmen (für alle Sparten) erbringen, zum Beispiel Finanzwesen, Personalwesen, Sozialwesen, Allgemeine Verwaltung, Werkssicherheitswesen oder die Stabsabteilungen Recht, Organisation und Revision, dem Vorstand weiterhin nach dem Funktionsprinzip unterstellt bleiben, so daß es sich um eine Mischform der Spartenorganisation handelt.

---

107) Vgl. Morf, G., "Einführung in die Psychologie", 5. Aufl., München und Basel 1970, S. 42

108) Metzger, W., "Psychologie", a.a.O., S. 124
Vgl. hierzu auch Fromm, E., "Die Revolution der Hoffnung", Für eine Humanisierung der Technik, Hamburg 1982, S. 7

Bei der Änderung der Organisationsform sollte die Neugestaltung der Arbeitsabläufe nur vorgenommen werden, wenn dies strukturbedingt oder aus Kostengründen zwingend notwendig ist, zum Beispiel durch den Einsatz elektronischer Datenverarbeitungsanlagen.

Es ist zweckmäßig, bei organisatorischen Änderungen bewährte Teilstrukturen beizubehalten, weil bereits "bekannte Gestalten" den Umstellungsprozeß erleichtern.

f) Gesetz der guten Fortsetzung und des glatten Verlaufs

Dieser Gestaltfaktor wird in der Literatur unterschiedlich bezeichnet. Metzger spricht vom Gesetz der "durchgehenden Kurve oder des glatten Verlaufs",[109] Dorsch von dem der "guten Kurve".[110] Rohracher[111], Piel[112], Fröhlich und Drever[113], Krech und Crutchfield[114] nennen den Gestaltfaktor "gute Fortsetzung". Man geht davon aus, daß diejenigen Reize, die eine "gute" Fortsetzung einer Kurve, Linie oder Bewegung sind, leichter Einheiten bilden.[115]

---

109) Metzger, W., "Psychologie", a.a.O., S. 109

110) Dorsch, F.,"Psychologisches Wörterbuch", 9. Aufl., Bern, Stuttgart, Wien 1976, S. 225

111) Rohracher, H., a.a.O., S. 203

112) Piel, W., "Gestalttheorie als Wissenschaft und als Wissenschaftstheorie", a.a.O., S. 9

113) Fröhlich, W.D., Drever, J., a.a.O., S. 144

114) Krech, D., Crutchfield, R.S., a.a.O., S. 80

115) Vgl. ebenda

Dieses Gestaltgesetz hat beispielsweise auch große Bedeutung für das Wollen, Streben, Entscheiden, Handeln, die Ziele, Wünsche und Hoffnungen des Menschen.

Die Möglichkeiten der Anwendung des obengenannten Gesetzes sind vielfältig.

Zunächst soll an die "abknickende Vorfahrt" im Straßenverkehr erinnert werden, wenn der Kraftfahrer sich etwa auf einer breiten Straße befindet, die von einer schmalen gekreuzt wird, und ihm ein Verkehrsschild die abknickende Vorfahrt nach links (oder rechts) in die schmale Straße anzeigt. An solchen Stellen kommt es oft zu Verkehrsunfällen, weil der entgegenkommende Verkehrsteilnehmer auf der breiten Straße nicht auf das Verkehrsschild "Vorfahrt gewähren!" achtet, da er das in die schmale Straße abbiegende Fahrzeug als nicht vorfahrtsberechtigt wahrnimmt. Diese Vorfahrtsregelung verstößt im obengenannten Tatbestand gegen das "Gesetz der guten Fortsetzung" und sollte bei der Regelung des Verkehrs auf öffentlichen Straßen und auf Straßen im Werksgelände eines Betriebes unterbleiben.

Als weiteres Beispiel für die Anwendung des Gesetzes kann das Einstellungsgespräch mit dem zukünftigen Mitarbeiter dienen. Ihm dürfen keine Versprechungen gemacht werden, die man später vielleicht nicht einhalten kann, etwa die Nachfolge eines bestimmten Abteilungsleiters anzutreten oder die Übernahme in die betriebliche Altersversorgung der leitenden Angestellten wie "Essener Verband" in der Stahlindustrie oder "Bochumer Verband" im Bergbau. Die Nichterfüllung solcher Versprechungen führt zur Frustration des Mitarbeiters und kann Resignation oder auch Aggression und damit Konflikte auslösen, die einen "glatten Verlauf" und eine "gute Fortsetzung" der Zusammenarbeit erheblich beeinträchtigen. Es empfiehlt sich daher, bei der Einstellung alle Bedingungen schriftlich im Arbeits- oder Anstellungsvertrag festzulegen und mündliche Nebenabreden auszuschließen.

Außerdem sei die Beschwerdeordnung im Unternehmen erwähnt. Wenn sich ein Mitarbeiter über seinen unmittelbaren Vorgesetzten, mit dem er bisher gut zusammengearbeitet hat, beschweren will, sollte er wegen der "guten Fortsetzung" der weiteren Zusammenarbeit diesem Vorgesetzten den Beschwerdegrund vortragen und Gelegenheit geben, ein eventuelles Unrecht wieder gutzumachen, wodurch die Weiterleitung der Beschwerde an den nächsthöheren Vorgesetzten hinfällig würde. Ein Verstoß gegen diese menschliche Haltung kann zur Folge haben, daß der Vorgesetzte dem Mitarbeiter gegenüber in Zukunft eine negative Erwartungseinstellung oder sogar Rachegefühle hegt, die dessen Fortkommen im Unternehmen nicht nur erschwert, sondern vielleicht sogar vereitelt, weil der Vorgesetzte von "seiner" informellen Gruppe, etwa der schon erwähnten Kegelrunde, unterstützt wird und somit dem beschwerdeführenden Mitarbeiter auch in anderen Abteilungen oder Unternehmensbereichen keine Aufstiegsmöglichkeiten eingeräumt werden.

Ferner entspricht es beispielsweise dem Gestaltgesetz der "guten Fortsetzung", wenn

- Verhandlungen der Geschäftsleitung mit dem Betriebsrat über betriebliche Leistungszulagen, Sozialleistungen, Rationalisierungsvorhaben nicht kompromißlos abgebrochen werden;

- Führungsanweisungen nicht nur verbindlich vorgeschrieben sind, sondern ihre Einhaltung auch von der Geschäftsleitung kontrolliert wird;

- der Stellvertreter während der Abwesenheit des Leiters keine grundlegenden organisatorischen Änderungen vornehmen darf;

- die Einführung neugestalteter Arbeitsabläufe (nach Anhörung des Betriebsrates gemäß § 106, Abs. 3, Nr. 5 Betriebsverfassungsgesetz) nicht am Widerstand der betroffenen Mitarbeiter scheitert.[116)]

g) Gesetz der Prägnanz

M e t z g e r nennt dieses den anderen Gestaltgesetzen übergeordnete Prinzip "Prägnanzregel oder Gesetz der guten Gestalt bzw. der größten Ordnung" und stellt fest: "Die Art des Zusammenschlusses, der sich im gegebenen Fall natürlicherweise verwirklicht, läßt sich allgemein nur von Gestalteigenschaften der durch diesen Zusammenschluß entstehenden Ganzen und Gruppengebilde her verstehen. Der Zusammenschluß erfolgt derart, daß die entstehenden Ganzen in irgendeiner Weise vor anderen denkbaren Einteilungen gestaltlich ausgezeichnet sind,"[117)] oder mit den Worten von S t e i n k o p f f "...beim Zusammenschluß von Teilen zum Ganzen von mehreren möglichen Ordnungen stets der prägnantesten (ausgezeichneten) der Vorzug gegeben wird".[118)]

M o r f sieht im Gesetz der Prägnanz die Tendenz zu guten, einfachen, kräftesparenden und einprägsamen Gestalten.[119)]

---

116) Vgl. hierzu Hoeth, F., "Variabilität und Konstanz als Phänomenologische Kategorien", in: Gestalt Theory, Vol. 1, No. 1, October 1979, S. 21

117) Metzger, W., "Psychologie", a.a.O., S. 108

118) Steinkopff, J., a.a.O., S. 16

119) Vgl. Morf, G., a.a.O., S. 42

Nach P i e l zielt die Tendenz zur Prägnanz auf die "Konstituierung der Gestaltqualitäten", zu denen außer den "Ehrenfels-Kriterien" (Übersummenhaftigkeit und Transponierbarkeit) die nach W e l l e k eingeteilten Qualitäten wie "Gestaltgüte" (Klarheit, Einfachheit, Vollständigkeit, geordnete Geschlossenheit), "Gestalthöhe" (Gliederungsreichtum und Grad der Differenziertheit) und "Gestalttiefe" (Sinnhaftigkeit) gehören.[120)]

Das allgemeine Streben von Gestalten nach "ausgezeichneten Endzuständen"[121)] vollzieht sich in einer Mannigfaltigkeit von Prägnanzstufen. Von einer schlechten Ordnung werden je nach den Umständen die verschiedensten besseren Ordnungen angestrebt.[122)] S a n d e r nennt dies das Durchlaufen einer "Aktualgenese" von diffusen Gebilden über noch änderungslabile Vorgestalten hin zu Endgestalten.[123)] Die Ursachen einer schlechten Ordnung können dabei nicht nur in etwas Fehlendem, sondern auch in Überflüssigem liegen.[124)]

---

120) Vgl. Piel, W., "Kleines Lehrbuch der Lernpsychologie", a.a.O., S. 56
Vgl. hierzu Wellek, A., "Ganzheitspsychologie und Strukturtheorie", 2. Aufl., Bern 1955, S. 60

121) Vgl. Metzger, W., "Psychologie", a.a.O., S. 272

122) Vgl. ebenda, S. 208

123) Vgl. Sander, F., "Experimentelle Ergebnisse der Gestaltpsychologie", Ber. 10. Kongreß Gesellschaft experimentelle Psychologie, 1927

124) Vgl. Stadler, M., Stegagno, L., Trombini, G., "Quantitative Analyse der Rauschschen Prägnanzaspekte", in: Gestalt Theory, Vol. 1., No. 1, 1979, S. 42

Beim Zusammenschluß von Teilen zu prägnanten Ganzen (Gestalten) - was auf der Objektseite erlebt wird - treten immer zugleich auch Objektionsvorgänge auf. Sie sind ebenfalls psychodynamischer Natur und werden von Piel als "zeitlich ausgedehnte kontinuierliche Übertrittsvorgänge" vom Subjekt auf die Objektseite hin "bei jedem Subjekt-Objekt-Verhalten" bezeichnet.[125] Diese Vorgänge verändern "...auf der Objektseite nicht nur die vorgefundenen Gegenstandsmerkmale im Sinne einer Umstrukturierung (Prägnanzwerdung), sondern fügen neue (ursprünglich subjektive) dazu". Das Objekt der Betätigung - es kann auf verschiedenen Prägnanzstufen liegen, kann diffus, vorgestalthaft oder endgestalthaft sein - wird zunehmend gefügiger und selbstverständlicher, weil "eigener". Diese Prozesse zwischen sich verhaltendem Subjekt und Gegenstand sind ebenfalls ganzheitlich strukturiert und nicht additiv, sie "werden von bereits konfigurierten Merkmalen des Gegenstandes und von Feldkräften her mitbestimmt..., verlaufen nicht linear oder starr, sondern in einem offenen Fließgleichgewicht mit zwischenzeitlichem Dauerwechsel der Erlebniselemente...", und zielen ebenfalls auf einen 'prägnanten Endzustand' hin, "auf die vollständige Besetzung des Gegenstandes mit den neuen Qualitäten, so daß eine gute 'Gestalt' (der Gefügigkeiten) entsteht".[126]

Die Bedeutung des Prägnanzgesetzes bei der Gestaltung der Unternehmensorganisation soll an einigen Beispielen erläutert werden.

---

125) Piel, W., "Das Erlernen von Motiven durch Objektion als Gestaltungsprozeß", in: Gestalt Theory, Vol. 2, No. 1/2, 1980, S. 57

126) Ebenda, S. 58

Zunächst sei auf die mit Fremdwörtern überladene Fachsprache mancher Organisatoren hingewiesen. Das gilt besonders für jene, die nach ihrer Abschlußprüfung an der Hochschule noch wenig praktische Erfahrungen in der Organisationsarbeit gesammelt haben. Diese Organisatoren neigen häufig zu einer Fachsprache, die zwar in der Hochschule geläufig ist, aber von den Mitarbeitern im Unternehmen nicht verstanden wird. Man spricht beispielsweise vom "Bestandsphänomen" (Aufbauorganisation), "Prozeßphänomen" (Ablauforganisation), "Basissystem" (Stelle), von der "Quantitativen Dimensionierung von Zwischensystemen" (Leitungsspanne) oder der "CPU" (Central Processing Unit, Zentraleinheit der Datenverarbeitungsanlage). Wir können diese Ausdrucksweise vom Standpunkt der Praxis aus als "elendes Kauderwelsch der Fachleute"[127] bezeichnen und den Organisatoren in der Unternehmung im Sinne des Prägnanzgesetzes empfehlen, sich einer einfachen, klaren und einprägsamen Sprache zu bedienen.[127a] Die oben erwähnte Fachsprache ist oft auch Vorstandsmitgliedern nicht geläufig, so daß es dem Organisator kaum gelingen dürfte, die Geschäftsleitung von notwendigen organisatorischen Gestaltungsmaßnahmen zu überzeugen.

Dasselbe gilt für die Abfassung der Organisationsberichte. F r e s e bezeichnet es als "...Unsitte,

---

127) Vgl. hierzu Schmölders, G., "Das elende Kauderwelsch der Fachleute", in: Frankfurter Allgemeine Zeitung vom 9.2.1976, Nr. 33, S. 13

127a) Vgl. hierzu Pfaff, K. und Krenn, St., "Last und Lust des Lesens", Reflexionen und Erfahrungen zum Lesen, Lernen und Denken, Dortmund 1984, S. 116
Vgl. hierzu auch Ruhleder, R.H., "Rhetorik, Kinesik, Dialektik", Redegewandtheit, Körpersprache, Überzeugungskunst, 4. Aufl., Bad Harzburg 1983, S. 104 ff.

die Qualität eines abgefaßten Berichtes durch die Anwendung ausgefallener Fremdwörter unterstreichen zu wollen".[128)]

Als weiteres Beispiel dienen Arbeitsablaufdiagramme, mit deren Hilfe die Aufnahme des Istzustandes und der Sollzustand veranschaulicht werden können. In solchen Diagrammen verstößt man oft gegen das Prägnanzgesetz, indem eine Vielzahl von Symbolen verwendet wird, statt sich auf wenige einfache und einprägsame zu beschränken und so auch der Geschäftsleitung, den Leitern und Mitarbeitern der von Arbeitsablaufuntersuchungen betroffenen Abteilungen die Arbeitsabläufe verständlich zu machen.[129)] Gerade bei schwierigen Zusammenhängen gilt es, das Wesentliche in möglichst einfacher und klarer Form (einfache, kräftesparende Gestalt) darzustellen, um es wahrnehmen zu können. Wie H o e t h feststellt, darf es sich aber nicht um eine "Primitivprägnanz" handeln, bei der komplexe Sachverhalte möglicherweise unzulänglich oder sinnentstellend dargestellt werden.

Auch bei der Gestaltung von Organisationsplänen (Organigrammen) ist das Prägnanzgesetz zu beachten. In diesen Plänen wird die Aufbaustruktur des Unternehmens dargestellt, wie Vorstandsbereiche, Stabsabteilungen, Hauptabteilungen, Abteilungen und Gruppen. Hier müssen beispielsweise die Abteilungsbezeichnungen eindeutig und die Unterstellungsverhältnisse klar zu erkennen sein, die Tätigkeiten in Personalunion und die hauptamtlichen Stellvertreter ausgewiesen werden. Solche Prägnanzforderungen werden oft nicht erfüllt.

---

128) Frese, E., "Aufbauorganisation", 2. Aufl., Gießen 1979, S. 60

129) Vgl. Rolf, H., "Zur Untersuchung und Gestaltung von Arbeitsabläufen in der Verwaltung der Unternehmung", management heute, Heft 1, 1980, S. 37

130) Vgl. Hoeth, F., "Zur Diskussion des Prägnanzbegriffes", Gestalt Theory, Vol. 3, No. 3/4, 1981, S. 202

Manche Unternehmen händigen die Organisationspläne nur ihren Abteilungsleitern als vertrauliche Unterlage aus, so daß für die anderen Mitarbeiter kaum Gelegenheit besteht, Einblick zu nehmen. In gut organisierten Unternehmen befinden sich die Organisationspläne im Organisationshandbuch, das jedem Mitarbeiter zur Einsichtnahme zur Verfügung steht. Die Scheu mancher Unternehmensleitung, Organisationspläne zu veröffentlichen, ist verständlich; denn es gibt Unternehmen, deren Organisationspläne - an den Gestaltgesetzen gemessen - "Mißgestalten" sind.

C. Spezieller Teil

Wie bereits oben erwähnt wurde, sollen in diesem Teil der Arbeit psychologische Probleme bei der Gestaltung der Aufbau- und Ablauforganisation der Unternehmung unter Zugrundelegung der Gestalttheorie als übergeordnetem Erklärungsansatz behandelt werden. Dabei unternehmen wir den Versuch, an exemplarischen Fällen das Erleben und Verhalten der Mitarbeiter in der Unternehmensorganisation zu erfassen und Lösungsmöglichkeiten für eine menschengerechte und wirtschaftliche Gestaltung der Organisation zu erarbeiten.

Auf die Erörterung komplizierter Theorien wollen wir verzichten; denn es ist "...eine alte wissenschaftliche Regel, daß wir psychische Vorgänge nicht unnötig mit komplizierten Theorien erklären sollten, wenn sie auch mit einfachen psychologischen Gesetzmäßigkeiten eine hinreichende Erklärung finden..."[131)] Diese Erkenntnis aus der Pädagogischen Psychologie soll im Sinne des Prägnanzgesetzes auch auf die psychologischen Probleme in der Unternehmensorganisation übertragen werden.

Methodologisch wählen wir ein kombiniertes Verfahren, das systematisch-phänomenologisches und heuristisch-empirisches Vorgehen mit kritischer Reflektion und Literaturanalyse verbindet.

Die nachstehende Untersuchung gehört wissenschaftssystematisch[132)] in das interdisziplinäre Grenzfeld zwischen Organisationswissenschaft und Organisationspsychologie.

---

131) Roth, H., "Pädagogische Psychologie des Lehrens und Lernens", 15. Aufl., Hannover, Berlin, Darmstadt, Dortmund 1976, S. 18o

132) Siehe Piel, W., "Gestalttheorie als Wissenschaft und als Wissenschaftstheorie", in: Gestalttheorie und Sozialarbeit, Hrsg. K. Guss, Darmstadt 1979, S. 6

Die Organisationspsychologie ist eine noch relativ junge Teildisziplin der Psychologie. Sie kann als "Wissenschaft vom Erleben und Verhalten des Menschen in Organisationen" bezeichnet werden,[133)] zum Beispiel in Industrie-, Bank-, Handelsbetrieben, Versicherungen, Verbänden, Behörden, Schulen, Krankenhäusern, Alten- und Pflegeheimen, Sportheimen, Rehabilitationszentren. So gesehen fügt sie sich als eine bedeutende Hilfsdisziplin in die praktische und wissenschaftliche Organisationslehre ein.
Bei der Organisationspsychologie als angewandter Wissenschaft sollte nicht die Systematik und "innere Stimmigkeit", sondern ihr Nutzen für die Lösung von Problemen entscheidend sein.[134)]

I. Psychologische Probleme bei der Gestaltung der Aufbauorganisation der Unternehmung

1. Stellenbildung und Stellenbeschreibung

Im folgenden wollen wir jeweils zunächst organisatorische Tatbestände darstellen und danach Gestaltungsvorschläge unter kritischer Berücksichtigung psychologischer Gesetzmäßigkeiten unterbreiten.

---

133) Rosenstiel, L., von, "Grundlagen der Organisationspsychologie", a.a.O., S. 3

134) Vgl. Bräuer, K., "Arbeitspsychologie und Schule", Schriftenreihe Wirtschaft - Beruf - Gesellschaft, Hrsg. Hans K. Platte, Wuppertal, Ratingen, Düsseldorf 1969, S. 12

a) Stellenbildung

aa) Abgrenzung des Begriffs Stelle

Die Stelle kann als kleinste organisatorische Struktureinheit des Unternehmens bezeichnet werden.[135]
Sie ist ein versachlichter Aufgabenkomplex, der für eine unbestimmte Person gebildet wird, das heißt, es müssen viele Personen fähig sein, die Aufgaben einer bestimmten Stelle zu erfüllen, weil die Stelle bei Personenwechsel weiterbesteht,[136] zum Beispiel beim Ausscheiden eines Mitarbeiters.
Wir können zwischen Linienstellen, Stabsstellen, Leitungsstellen und Ausführungsstellen unterscheiden. Während Linienstellen in ihrem Aufgaben- und Kompetenzbereich Entscheidungs- und Anordnungsrecht besitzen, haben Stabsstellen das Recht und die Pflicht zur Beratung und außerdem Koordinations- und entscheidungsvorbereitende Aufgaben.
In Ausnahmefällen kann auch eine Stabsstelle Entscheidungen treffen und Linienstellen Anordnungen geben, wenn die Stabsstelle dazu von der Geschäftsleitung bevollmächtigt ist, etwa bei der Zurückweisung überhöhter Reisekostenabrechnungen durch den Innenrevisor.

Leitungsstellen können sowohl Linienstellen (wie Hauptabteilungsleiter, Abteilungsleiter, Gruppenleiter, Betriebsleiter und Meister) als auch Stabsstellen (zum Beispiel Leiter der Rechtsabteilung, der Organisations- oder Revisionsabteilung) sein.

Die Leiter von Stabsabteilungen haben ihren Mitarbeitern gegenüber wie die Leiter der Linienabteilungen Anordnungsrecht. Bei Gruppenleitern und Meistern be-

---

135) Vgl. Kosiol, E., a.a.O., S. 93
136) Vgl. ebenda, S. 89 f.

schränkt sich dieses aber nur auf das sachliche Anordnungsrecht. Das disziplinarische Anordnungsrecht bleibt beim Abteilungs- oder Betriebsleiter.

Ausführungsstellen sind im Rahmen der Durchführung der Aufgaben befugt und verpflichtet, in ihrem Delegationsbereich Entscheidungen zu treffen. Diese Stellen können deshalb Linienstellen ohne Anordnungsrecht genannt werden, da sie sich auf der untersten Stufe der Betriebshierarchie befinden.

Schließlich sind noch die Begriffe "Stelle" und "Arbeitsplatz" voneinander abzugrenzen. Während die Stelle den gesamten Funktions- und Kompetenzbereich des Stelleninhabers umfaßt, handelt es sich beim Arbeitsplatz um den Ort oder Raum, wo die Tätigkeit ausgeübt wird.[137)] Beispiele sind Einkäufer, Verkäufer, Revisoren, Organisatoren und andere Mitarbeiter, die nicht nur in ihrem Büro, sondern auch bei Lieferanten, Kunden, in verschiedenen Betriebsabteilungen oder in Abteilungen der Verwaltung ebenfalls Tätigkeiten verrichten.

Als weiteres Beispiel soll ein Dreher erwähnt werden, der mehrere Maschinen bedient und somit auch mehrere Arbeitsplätze hat.

---

137) Vgl. hierzu Nordsieck, F., "Rationalisierung der Betriebsorganisation", 2. Aufl., Stuttgart 1955, S. 126

ab) Möglichkeiten der Stellenbildung

ab 1) Stellenbildung "ad rem", "ad instrumentum" und "ad personam"

Die Stellenbildung ist nach verschiedenen Gesichtspunkten möglich. Sie kann sachbezogen ("ad rem") vorgenommen werden, das heißt, die einer Stelle zugedachten Aufgaben sind nur auf die Sache gerichtet. Wenn sich zum Beispiel in einem Industrieunternehmen durch besondere Verkaufserfolge der Geschäftsumfang ausweitet, nimmt die Anzahl der Buchungen erheblich zu, so daß beispielsweise in der Debitorenbuchhaltung eine neue Stelle eingerichtet werden muß. Diese wird so zugeschnitten, daß sie nur mit einem Buchhalter besetzt werden kann, der die entsprechenden Kenntnisse und Erfahrungen besitzt.

Bei der Stellenbildung sind häufig auch die Sachmittel zu berücksichtigen, mit denen der Stelleninhaber arbeiten muß. Man spricht hier von der Stellenbildung "ad instrumentum". So sind zum Beispiel bei der ausschließlichen Tätigkeit an einem Buchungsautomaten die Stellenaufgaben an dieses Sachmittel gebunden oder bei einer Stelle "Datenerfassung" an den Magnetplattenschreiber oder Magnetbandschreiber.

Die sachbezogene Stellenbildung (und Bildung von Abteilungen) vollzieht sich nach verschiedenen Prinzipien. Neben der Stellenbildung nach Sachmitteln handelt es sich um das Verrichtungsprinzip (Funktionsprinzip) und Objektprinzip.[138)]

---

138) Vgl. Kosiol, E., a.a.O., S. 84

Unter dem Verrichtungsprinzip versteht man eine "Zusammenfassung gleichartiger Verrichtungen" und "ungleichartiger Objekte",[139] wie in einer Werkstatt, in der ein Dreher (Stelleninhaber) viele ungleichartige Werkstücke (Objekte) bearbeitet.[140]

Als weiteres Beispiel wäre ein Verkäufer in einem Industrieunternehmen zu nennen, der in einem bestimmten Bezirk alle Produkte verkauft, die der Betrieb herstellt.

Beim Objektprinzip werden gleichartige Objekte und ungleichartige Verrichtungen zusammengefaßt.[141] Hier sei der Reparaturschlosser im Hüttenwerk erwähnt, der an den Hochöfen (Objekten) unterschiedliche Reparaturarbeiten (Verrichtungen) ausführt und dazu in einer Hängetasche das entsprechende Werkzeug mitnimmt.[142]

Außerdem kann die Stellenbildung personenbezogen ("ad personam") erfolgen. Dann werden die Stellenaufgaben jeweils nach den persönlichen Fähigkeiten eines bestimmten Mitarbeiters gestaltet, wie es der Fall ist, wenn ein Mitarbeiter nach einem schweren Verkehrsunfall seine frühere Tätigkeit im Betrieb nicht mehr ausüben kann.

Die Stellenbildung "ad personam" kommt in Familienunternehmen oft vor. Dies ist verständlich, weil jedes im Unternehmen arbeitende Familienmitglied eine Tätigkeit ausüben möchte, die seinen Neigungen und Fähigkeiten entspricht.

139/
140) Vgl. ebenda

141) Vgl. ebenda

142) Vgl. hierzu Rolf, H., "Das Problem der optimalen Größe von Reparaturwerkstätten in Betrieben der Eisen schaffenden Industrie", Dissertation, Köln 1960, S. 72 f.

In Großunternehmen werden des öfteren personenbezogene Stellen eingerichtet, die Sonderaufgaben beinhalten. Das kann für ältere, aber auch für unbequeme Mitarbeiter geschehen, die auf ein "Abstellgleis geschoben" werden, weil man nur ungern mit ihnen zusammenarbeitet.
Es kommt auch vor, daß vor allem neue Vorstandsmitglieder Mitarbeiter einstellen, die sie von einer früheren Tätigkeit her gut kennen und zu denen ein besonderes Vertrauensverhältnis besteht. Falls keine Leitungsstelle frei ist, werden sie zunächst mit Sonderaufgaben betraut. Zu gegebener Zeit sorgt das zuständige Vorstandsmitglied dafür, daß der betreffende Mitarbeiter als Leiter oder Stellvertreter einer Abteilung seines Geschäftsbereichs eingesetzt wird. Die für ihn zuvor eingerichtete Stelle löst man auf.

B l e i c h e r spricht von einem Spannungsfeld zwischen der Organisation (Stellenbildung) "ad rem", "ad personam" und "ad instrumentum" und ist der Ansicht, daß zwischen den sachlichen und persönlichen Gesichtspunkten der Organisation oft ein Kompromiß geschlossen werden muß.[143)]

H ö h n und B ö h m e stehen dagegen auf dem Standpunkt, daß die Stellenbildung sachbezogen und nicht personenbezogen vorzunehmen sei und die Stelle nicht als "...Maßanzug auf die Fähigkeiten des jeweiligen Mitarbeiters zugeschnitten werden" dürfe. Die Autoren begründen ihre Ansicht wie folgt:

---

143) Vgl. Bleicher, K., "Die Entwicklung eines systemorientierten Organisations- und Führungsmodells der Unternehmung", in: Organisation als System, Schriftenreihe Organisation u. Führung, Bd. 1, Hrsg. Knut Bleicher, Wiesbaden 1972, S. 244

"Es würde zur völligen Desorganisation in einem Unternehmen führen, wenn man sich bei der Festlegung der Delegationsbereiche nach dem Können der augenblicklich verfügbaren Kräfte richtete. Das Unternehmen würde auf dem Gebiet der Organisation nie zur Ruhe kommen, weil jeder Wechsel eines Stelleninhabers zu mehr oder weniger großen Umstellungen führen müßte".[144)]

Ein Kompromiß zwischen der Stellenbildung "ad rem" und "ad personam" ist bei Leitungsstellen des Unternehmens des öfteren anzutreffen, vor allem auf der Vorstandsebene. So kann beispielsweise einem Arbeitsdirektor, der auch Leitungserfahrung in der "Allgemeinen Verwaltung" hat, diese Hauptabteilung zusätzlich unterstellt werden, obwohl sie gewöhnlich dem Vorstandsmitglied des kaufmännischen Bereichs zugeordnet ist. Dem Vorstandsvorsitzenden werden oft Stabsabteilungen direkt unterstellt, zum Beispiel einem Juristen die Rechtsabteilung oder einem Wirtschaftsprüfer die Revisionsabteilung.

ab 2) Formale Prinzipien als zusätzliche Kriterien der Stellenbildung

Die obengenannten Prinzipien der Stellenbildung werden durch aufgabenanalytische Gesichtspunkte um folgende Prinzipien ergänzt:

- Rangprinzip,
- Phasenprinzip und
- Zweckprinzip.[145)]

---

144) Höhn, R., Böhme, G., "Führungsbrevier der Wirtschaft", 9. Aufl., Bad Harzburg 1977, S. 24

145) Vgl. Kosiol, E., a.a.O., S. 85 ff.

Nach dem Rangprinzip gliedern sich die Stellenaufgaben in Leitungs- und Ausführungsaufgaben und nach dem Phasenprinzip in Planungs-, Realisations- und Kontrollaufgaben. Beim Zweckprinzip befreit man den Fertigungsprozeß von unnötigen Verwaltungsaufgaben, etwa Lohnaufschreibungen oder Eintragungen in Arbeitszeitkarten, die ein Mitarbeiter im Betriebsbüro übernimmt.[146)]

ac) Psychologische Probleme bei der Stellenbildung

ac 1) Sachmittelgebundene Stellenbildung

Im Unternehmen müssen viele Stellen gebildet werden, die an Sachmittel gebunden sind (Stellenbildung "ad instrumentum"). Zu diesen Sachmitteln gehören beispielsweise Buchungs-, Fakturier-, Schreib- und Rechenautomaten, Datenerfassungsgeräte oder im Produktionsbetrieb Werkzeugmaschinen und maschinelle Anlagen.
Beschränken sich die Stellenaufgaben ausschließlich auf Tätigkeiten an solchen Geräten oder Vorrichtungen, bleibt für die menschengerechte Gestaltung dieser Aufgaben kein großer Spielraum.

Als Beispiel soll die Erfassung der Daten von Materialentnahmescheinen und Akkordscheinen mit Hilfe des Magnetplattenschreibers erwähnt werden oder die Arbeit am Fließband im Karosseriebau für Personenkraftwagen eines Betriebes der Automobilindustrie, etwa das Festhaken der Seitenteile, des Bug- und Heckteils auf dem Montagewagen und das sich anschließende Punktschweißen, wenn für letztgenannte Arbeitsgänge noch keine vollautomatischen Anlagen beziehungsweise Roboter vorhanden sind.

---

146) Vgl. ebenda, S. 87

Solche oder ähnliche monotone Tätigkeiten führen in der Regel zu Ermüdungserscheinungen, zur Minderung der Wachsamkeit und zur psychischen Sättigung[147)] und erhöhen bei Arbeiten im Produktionsbetrieb die Unfallgefahr.

Bemühungen, die Monotonie der Fließbandarbeit durch Einrichten von "Arbeitsinseln" zu beseitigen und dadurch die Arbeitszufriedenheit und Arbeitsmotivation der Mitarbeiter zu erhöhen, sind zum Beispiel beim V o l v o - Automobilkonzern (Montagewerk in Kalmar) unternommen worden. Unter Arbeitsinseln versteht man im erwähnten Beispiel, daß der Zusammenbau von Kraftwagen in Arbeitsgruppen erfolgt, denen jeweils "in sich zusammenhängende Aufgabenbereiche zugeordnet" werden, beispielsweise die "Montage der elektrischen Anlage im Fahrzeug, des Schaltsystems, der Steuerung" oder die "Motor- und Achsenmontage",[148)] wobei die Arbeitsgruppe selbständig entscheiden kann, wie die Arbeit unter den Gruppenmitgliedern aufgeteilt und wann der Arbeitswechsel vorgenommen wird.[149)]
Dieses Verfahren trägt wesentlich zur Humanisierung der Arbeit bei,[150)] verursacht jedoch durch den größeren Zeitaufwand beim Zusammenbau eines Kraftwagens höhere Kosten als bei der herkömmlichen Fließbandfertigung.

---

147) Vgl. Schmidtke, H., "Die Ermüdung", Bern und Stuttgart 1965, S. 195 f. und 213 f.

148) Steinmann, H., Heinrich, M., Schreyögg, G., "Theorie und Praxis selbststeuernder Arbeitsgruppen", Eine Analyse der Erfahrungen in Skandinavien, Veröffentlichungen der Stiftung Gesellschaft und Unternehmen, Heft 6, Köln 1976, S. 81 f.

149) Vgl. ebenda, S. 84
Siehe hierzu auch Türk, K., "Grundlagen einer Pathologie der Organisation", Stuttgart 1976, S. 74

150) Siehe hierzu auch Türk, K., "Instrumente betrieblicher Personalwirtschaft", Neuwied 1978, S. 111 f.

Der Präsident der Bundesanstalt für Arbeitsschutz und Unfallforschung, Manfred Hagenkötter, erklärte zur Eröffnung der Informationstagung "Streß am Arbeitsplatz" am 2. Juni 1981 in Dortmund, daß sich beim Volvo-Autokonzern durch die Einführung von Gruppenarbeit das Verhalten der Mitarbeiter geändert habe und weniger Krankmeldungen und Abwesenheit erreicht wurden, was langfristig zur Kosteneinsparung und zu einem besseren Betriebsergebnis führe.[151)]

Im obengenannten Beispiel der Datenerfassung mit Hilfe des Magnetplattenschreibers wären die Stellenaufgaben für die an diesen Geräten arbeitenden Mitarbeiterinnen nur anders zu gestalten, wenn sie einen Teil ihrer Arbeitszeit mit anderen Aufgaben betraut werden können. Dies setzt jedoch eine entsprechende Ausbildung und Einarbeitung sowie Beschäftigungsmöglichkeiten voraus. In der Regel wird die Datenerfassung mit solchen Geräten von Stelleninhaberinnen vorgenommen, die nur für diese Tätigkeiten eingestellt und angelernt worden sind. Hier muß auf die bereits erwähnten negativen psychischen Erscheinungen hingewiesen werden, die jedoch durch in die Arbeitszeit einbezogene Kurzpausen gemildert werden können.[152)] So wird zum Beispiel im Hoesch - Bereich dem Mitarbeiter bei ausschließlicher Tätigkeit am Bildschirmgerät gemäß einer "Rahmenrichtlinie über die Aufstellung und Verwendung von Bildschirmgeräten" je Stunde eine Erholungspause von sechs Minuten gewährt.[153)]

---

151) Vgl. auch Ruhrnachrichten, "Abbau von Streß ist gesünder und spart Kosten", Nr. 127, 3.6.1981

152) Vgl. Hellbrügge, Th., Rutenfranz, J., Graf, O., "Gesundheit und Leistungsfähigkeit im Kindes- und Jugendalter", Stuttgart 1960, S. 151

153) Vgl. "Werk und Wir", Estel Hoesch, 30. Jahrg., Heft 2, Dortmund 1982, S. 67

H e l l b r ü g g e , R u t e n f r a n z und G r a f weisen auf umfangreiche arbeitsphysiologische Untersuchungen hin, in denen der Nachweis erbracht worden ist, "...daß Pausen keine unproduktiven Unterbrechungen des Arbeitsprozesses darstellen, sondern daß sie im Gegenteil als lohnende Erholungskomponenten die Arbeitsleistung sogar steigern können".[154)]

Die Autoren erinnern in diesem Zusammenhang an einen emotionalen Faktor, den sie als "Gefühlswert" einer Pause bezeichnen; "...denn begreiflicherweise geht man mit anderer, gehobener Disposition an einen kürzeren Arbeitsschritt heran, eine Erfahrung, die arbeitspädagogisch von jeher Anwendung fand" und die von den obengenannten Autoren in "Versuchen über Monotonie und ihre Bekämpfung" nachgewiesen worden ist.[155)]

ac 2) Kompromiß zwischen sach- und personenbezogener Stellenbildung

Wie bereits dargestellt wurde, ist bei Leitungsstellen des Unternehmens des öfteren ein Kompromiß zwischen der Stellenbildung "ad rem" und "ad personam" anzutreffen. Davon sollte auch die Stellenbildung für Mitarbeiter der Ausführungsebene nicht ausgeschlossen sein. Zwar ist es aus Gründen der Wirtschaftlichkeit unzweckmäßig, den Mitarbeitern jeweils

---

154) Hellbrügge, Th., Rutenfranz, J., Graf, O., "Gesundheit und Leistungsfähigkeit im Kindes- und Jugendalter", a.a.O., S. 149

155) Ebenda, S. 150

"Maßanzüge" anzufertigen, da sonst bei jedem Stellenwechsel die Stellenbeschreibungen und auch Arbeitsabläufe teilweise geändert werden müßten. Es ist aber zu empfehlen, bei der Stellenbildung Sonderaufgaben vorzusehen, mit denen der jeweilige Stelleninhaber neben seinen Hauptaufgaben betraut werden kann. In der Stellenbeschreibung sollten die Sonderaufgaben nur als solche ausgewiesen und nicht im einzelnen bestimmt werden.

Zum Beispiel wäre es sinnvoll, einen Rechnungsprüfer oder Bilanzbuchhalter, der die russische Sprache beherrscht, im Bedarfsfall zur Übersetzung von Geschäftsbriefen oder als Dolmetscher heranzuziehen. Damit wäre sowohl dem Unternehmen als auch dem Mitarbeiter gedient. Dieser erlebt wertschätzendes Verhalten durch Anerkennung seiner zusätzlichen Fähigkeiten. Außerdem trägt das Gefühl, etwas Besonderes zu leisten, zu seiner Selbstverwirklichung, zur Arbeitszufriedenheit und Verbundenheit mit dem Unternehmen bei. Hier vereinigt sich beim Mitarbeiter die von der Sache ausgehende (inhärente oder intrinsische) Motivation mit der durch Anerkennung angeregten (extrinsischen) Motivation zur Leistung.

Ferner soll als Beispiel ein Kostenrechner erwähnt werden, der aufgrund seiner Erfahrung in einem anderen Unternehmen neben seiner eigentlichen Tätigkeit zeitweise in einer Projektgruppe mitarbeitet, die mit der Planung und Einrichtung eines Verwaltungshochhauses betraut ist.

Der oben erwähnte Kompromiß bei der Stellenbildung dürfte jedoch einen kooperativen Führungsstil im Unternehmen voraussetzen, da solche oder ähnliche Sonderaufgaben nur unregelmäßig anfallen und ihr Zeitanteil nicht genau festgelegt werden kann. Die jeweiligen Vorgesetzten müssen sich deshalb von Fall zu Fall einigen.

ac 3) Sonderfälle der personenbezogenen Stellenbildung

Stellen werden beispielsweise personenbezogen gestaltet, wenn Mitarbeiter nach Betriebs- oder Verkehrsunfällen ihre frühere Tätigkeit nicht mehr in gewohnter Weise oder überhaupt nicht ausüben können, weil sie zum Beispiel querschnittsgelähmt sind oder ihnen ein Arm oder Bein amputiert werden mußte. Dann betraut man sie mit Aufgaben, die ihre individuelle Behinderung berücksichtigen, wobei Mitarbeiter im Fertigungsbereich in der Regel ihren Neigungen und Fähigkeiten entsprechend umgeschult werden.

Als weiteres Beispiel ist die personenbezogene Stellenbildung für ältere Mitarbeiter zu nennen, die aus Krankheitsgünden (zum Beispiel schwere Herz- und Kreislaufstörungen) den Leistungsanforderungen ihrer jetzigen Stelle nicht mehr gewachsen sind.

Es gibt aber auch andere Beweggründe, Stellen nach den persönlichen Fähigkeiten der Mitarbeiter zu gestalten.
Wie schon angedeutet wurde, wird gelegentlich ein unbequemer Mitarbeiter mit Sonderaufgaben beschäftigt und auf ein "Abstellgleis geschoben", weil der Vorgesetzte und die Kollegen nur ungern mit ihm zusammenarbeiten, obgleich er vielleicht ein tüchtiger Fachmann ist und langjährige Erfahrungen im Unternehmen besitzt. Hier kann es sich um einen ehrgeizigen Konkurrenten oder auch um einen Querulanten handeln, der an allem etwas auszusetzen hat, durch sein Verhalten ständig stört und Konflikte im Betrieb verursacht. Diese können zum Beispiel aber auch durch den autoritären (autoritativen) Führungsstil des Vorgesetzten ausgelöst werden. Der autoritäre Leiter einer Abtei-

lung duldet kaum Widerspruch und neigt dazu, einen Mitarbeiter, der oft entgegengesetzte Auffassungen vertritt und sich autoritärem Führungsverhalten nicht anpaßt, als Querulanten zu bezeichnen und sich von ihm bei Gelegenheit zu trennen, vor allem, wenn es sich um einen jüngeren Mitarbeiter handelt; denn die Herrschsucht und Rechthaberei älterer Menschen gegenüber jüngeren ist oft Ursache von Konflikten.[155a)]

Oben wurde erwähnt, daß vor allem neue Vorstandsmitglieder des öfteren Mitarbeiter einstellen und ihnen Sonderaufgaben übertragen, bis eine geeignete Stelle als Leiter oder Stellvertreter in ihrem Geschäftsbereich frei wird. Dabei dürfte es sich oft um Personen handeln, mit denen das Vorstandsmitglied in einem anderen Unternehmen vertrauensvoll zusammengearbeitet hat. So werden mit diesen Mitarbeitern gegenseitige Kommunikation und einheitliche Zielsetzung gesichert sowie gemeinsame Zielerreichung angestrebt.

Die Einstellung eines Mitarbeiters, über den man sich nur aufgrund von Zeugnissen, psychologischen Tests und persönlichen Vorstellungen ein Bild machen kann, ist mit Risiken behaftet; denn vermutlich täuschen wir uns in nichts mehr als in den Menschen. Was nützen zum Beispiel in Zeugnissen bestätigte hervorragende Fachkenntnisse, wenn der Bewerber um eine Leitungsstelle nicht fähig ist, seine zukünftigen Mitarbeiter erfolgreich zu führen.

Es ist also verständlich, daß Vorstandsmitglieder für Personen, deren Wesen, Fähigkeiten und Führungseigenschaften sie gut kennen und mit denen sie ein besonderes Vertrauensverhältnis verbindet, vorübergehend Stellen einrichten, die nur Sonderaufgaben beinhalten, bis diese Mitarbeiter Leitungsstellen

---

155a) Vgl. hierzu Pfaff, K., Krenn, St., "Hilfreiche Beziehungen für Jung und Alt", a.a.O., S. 4 f.

übernehmen. Davon wird Gebrauch gemacht, wenn solche Personen zu einem späteren Zeitpunkt nicht mehr zur Verfügung stehen würden.

Diese Personalpolitik birgt jedoch Gefahren, die sich durch Verringerung der Aufstiegsmöglichkeiten für tüchtige Mitarbeiter des eigenen Unternehmens ergeben. Besonders junge Kräfte werden aus Enttäuschung bei Gelegenheit die Stelle wechseln und vielleicht in Konkurrenzunternehmen als Abteilungsleiter eingestellt, während sich bei den verbleibenden, vor allem älteren Mitarbeitern, ebenfalls Frustrationen einstellen, die Resignation oder auch Aggression gegen Vorgesetzte zur Folge haben können. Da gegen ranghöhere Personen weniger Aggression gezeigt wird als gegen Personen niedrigeren Ranges,[156)] tritt diese meistens als sozialisierte Aggression auf und äußert sich im verbalen Bereich, etwa durch Schimpfen, Kritisieren, Herabsetzen, Gerüchteverbreiten.[157)] Triebbedingte Gefühle wie Unlust oder Neid[158)] werden sich der benachteiligten Mitarbeiter bemächtigen und die Motivation zur Leistung erheblich beeinträchtigen. Durch den Zusammenhalt und die Konformitätswirkung der formellen und insbesondere informellen Gruppen wird den neuen Abteilungsleitern die Arbeit erschwert und somit ein schlechtes Betriebsklima geschaffen, eine Atmosphäre, in der die sozialen Beziehungen und damit das "seelische Wohlbefinden" der Beteiligten gestört sind.[159)]

---

156) Vgl. Merz, F., "Aggression und Aggressionstrieb", in: Handbuch der Psychologie", Band 2, Göttingen 1965, S. 592

157) Vgl. Lückert, H.R., Konfliktpsychologie", 6. Aufl., München und Basel 1972, S. 300

158) Vgl. hierzu Popp, M., a.a.O., S. 130

159) Vgl. Bräuer, K., "Betriebspsychologie im Bereich des Unterrichts über die moderne Wirtschafts- und Arbeitswelt", Düsseldorf-Benrath 1974, S. 33

Die Benachteiligung der im Unternehmen bewährten Mitarbeiter hinsichtlich der Aufstiegsmöglichkeiten verstößt gegen das Gestaltgesetz der "guten Fortsetzung und des glatten Verlaufs" und führt deswegen zu den oben dargestellten Folgen. Deshalb wären Vorstand oder Geschäftsführung gut beraten, wenn sie dem Bedürfnis nach Geltung und Anerkennung entgegenkämen und Leitungsstellen grundsätzlich zunächst innerbetrieblich ausschrieben, um den Mitarbeitern des Unternehmens Aufstiegschancen zu geben.
Gemäß § 93 Betriebsverfassungsgesetz hat der Betriebsrat das Recht, "...zwecks optimaler Verteilung der betrieblichen Arbeitsplätze nach Eignung und Neigung für alle zu besetzenden Arbeitsplätze oder auch nur für bestimmte Arten von Tätigkeiten eine betriebsinterne Ausschreibung zu verlangen".[160] Jedoch wird der Arbeitgeber nicht daran gehindert, gleichzeitig öffentliche Ausschreibungen vorzunehmen und über die Stellenbesetzung frei zu entscheiden.[161]
Aus den obengenannten Gründen sind wir der Auffassung, daß eine öffentliche Ausschreibung erst erfolgen sollte, wenn sich im eigenen Unternehmen kein geeigneter Mitarbeiter bewirbt.

b) Stellenbeschreibung

ba) Abgrenzung des Begriffs Stellenbeschreibung

A c k e r versteht unter der Stellenbeschreibung "...die schriftliche, verbindliche und in einheit-

---

16o) Galperin, H., "Das Betriebsverfassungsgesetz 1972", "Leitfaden für die Praxis", Heidelberg 1972, S. 114

161) Vgl. ebenda

licher Form abgefaßte Festlegung der Eingliederung einer Stelle in den Betriebsaufbau, ihrer Ziele, Aufgaben und Funktionen, ihrer Verantwortlichkeiten und Kompetenzen sowie ihrer wichtigen Beziehungen zu anderen Stellen".[162)]

U l r i c h und S t a e r k l e halten die Stellenbeschreibung für die "...höchste Stufe der Fixierung des organisatorischen Aufbaus einer Unternehmung".[163)]

S c h w a r z sieht den Hauptzweck der Stellenbeschreibung "...in der Sicherung einer rationalen, reibungslosen und kontinuierlichen Aufgabenerfüllung".[164)]

bb) Formale und inhaltliche Gestaltung der Stellenbeschreibung
-.-

K o s i o l hebt hervor, daß sich bei der Stellenbeschreibung drei Gruppen von Fragen ergeben. Zum einen handelt es sich um die prägnante Formulierung der Aufgaben (Arbeitsbild der Stelle), zum anderen um die Darstellung der persönlichen Anforderungen, die zur Erfüllung der Aufgaben vom Stelleninhaber verlangt werden, wie Schul- oder Hochschulausbildung, berufliche Erfahrungen, charakterliche Eigenschaften (Besetzungsbild der Stelle), und außerdem um die Ein-

---

162) Acker, H.B., "Stellenbeschreibung", in: Handwörterbuch der Organisation, Stuttgart 1969, Sp. 1582

163) Ulrich, H., Staerkle, R., "Verbesserung der Organisationsstruktur von Unternehmungen", 2. Aufl., Bern 1962, S. 45

164) Schwarz, H. und Mitarbeiter, "Arbeitsplatzbeschreibungen", 7. Aufl., Freiburg 1979, S. 16

ordnung der Stelle in den Leitungsaufbau des Unternehmens (Instanzenbild).[165]

- Bezeichnung der Stelle

Die Bezeichnung soll - im Sinne des Prägnanzgesetzes - klar, einfach und einprägsam sein und die Tätigkeit des Stelleninhabers in knapper Form ausdrücken, zum Beispiel Hauptabteilungsleiter des Rechnungswesens, Leiter der Verkaufsabteilung Grob- und Mittelbleche, Leiter des Oxygenstahlwerkes, Sachbearbeiter in der Lohnabrechnung, Reparaturschlosser im Hochofenbetrieb. Hier handelt es sich um die Dienststellung und -bezeichnung des Stelleninhabers.

- Rangbezeichnung des Stelleninhabers

In vielen Unternehmungen - vor allem Großunternehmen - werden neben den Dienstbezeichnungen auch Rangbezeichnungen geführt,[166] wie Abteilungsdirektor, Abteilungschef, Betriebsdirektor, Betriebschef.

Für die Einführung solcher Rangbezeichnungen sollen einige Gründe genannt werden. Zunächst sei darauf hingewiesen, daß die Rangbezeichnung im Unternehmen als Statussymbol gilt. Nach W e i n e r t bedeutet ein höherer Rang und somit ein höherer Status "...nicht nur mehr Einfluß, Kontrolle und Verantwortung, sondern gleichzeitig auch höhere Be- und Entlohnung, mehr Privilegien und Vorrechte, mehr Respekt und mehr Anerkennung. Dies kann sehr wesentlich zu einer Verbesserung der Arbeitszufriedenheit und zu einer beträchtlichen Verringerung der Bedürfnisdefi-

---

165) Vgl. Kosiol, E., a.a.O., S. 94

166) Vgl. hierzu Höhn, R., "Stellenbeschreibungen - aber richtig", Bad Harzburg 1977, S. 109 ff.

zienz unter Angehörigen der mittleren und oberen Organisationsebenen beitragen".[167] Der obengenannte Autor erwähnt eine Reihe quantitativer Studien, in denen bestätigt wurde, daß "...Organisationsmitglieder der mittleren und oberen Organisationsebenen ... mehr Befriedigung ihrer Bedürfnisse am Arbeitsplatz" erfahren, "mehr Selbstaktualisierung und Selbstwertschätzung" empfinden, "mehr Freiheit zur Entscheidung und zum Handeln" fühlen, "weniger Restriktionen und Einengungen" unterliegen und "sich im Durchschnitt auch geistig und körperlich gesünder als Angehörige niedrigerer Organisationsebenen" fühlen.[168]

Es ist auch festzustellen, daß beispielsweise Kunden oder Behörden bei Verhandlungen ranghöhere Mitarbeiter des Unternehmens bevorzugen, weil deren Entscheidungsbefugnisse größer sind und in der Rangbezeichnung zum Ausdruck kommt, welche Bedeutung man einer Verhandlung beimißt.

Ein weiterer Grund für die Einführung von Rangbezeichnungen liegt vor, wenn neue Mitarbeiter in das Unternehmen eintreten, die in ihrer vorhergehenden Stelle einen bestimmten Rang besaßen,[169] zum Beispiel "Verkaufsdirektor". Es verstieße gegen das Gestaltgesetz der Gleichartigkeit, einem solchen Mitarbeiter, der als Hauptabteilungsleiter der Absatzwirtschaft eingestellt worden ist, die Rangbezeichnung "Direktor" zu verleihen, während man den auf der gleichen hierarchischen Stufe stehenden Hauptabteilungsleitern,

---

167) Weinert, A.B., "Lehrbuch der Organisationspsychologie", a.a.O., S. 134

168) Ebenda

169) Vgl. Höhn, R. und Böhme, G., "Stellenbeschreibungen - aber richtig", Problemlösungen für die Praxis, Bad Harzburg 1977, S. 120

zum Beispiel der Materialwirtschaft, des Finanz- oder Personalwesens diese Rangbezeichnung verweigerte. Dies führte bei den Benachteiligten zu Frustrationen und zu einer Belastung des Organisationsklimas.

Manche Unternehmen lehnen besondere Ränge ab und begnügen sich mit der Dienstbezeichnung.[170)] Wir schließen uns dieser Auffassung an; denn Rangbezeichnungen im Unternehmen können die menschlichen Beziehungen zwischen Vorgesetzten und Mitarbeitern erschweren und dadurch den kooperativen Führungsstil belasten, weil mögliche Angst- und Minderwertigkeitsgefühle von Mitarbeitern zu Hemmungen im Umgang mit Vorgesetzten führen.
Darüber hinaus werden durch das Statusdenken im Unternehmen hohe Kosten verursacht, zum Beispiel durch unangemessen große Büroräume und zu aufwendige Büroeinrichtungen für Vorstandsmitglieder und die oberen und mittleren Führungskräfte.

- Unterstellungsverhältnisse

Hier wird geregelt, wem der Stelleninhaber unmittelbar untersteht. Es kann sich dabei um mehrere Vorgesetzte handeln.

H ö h n unterscheidet zwischen dem Haupt-, Disziplinar- und Fachvorgesetzten.[171)]

Der Hauptvorgesetzte ist berechtigt, dem Mitarbeiter Ziele vorzugeben, Anordnungen zu erteilen und Kontrollen durchzuführen, zum Beispiel der Hauptabteilungsleiter bei seinen Abteilungsleitern. Wenn der Haupt-

170) Vgl. ebenda, S. 109
171) Vgl. ebenda, S. 18

vorgesetzte nicht gleichzeitig Disziplinarvorgesetzter ist und deshalb keine Verwarnungen, schriftliche Verweise, Bußen oder Versetzungen aus disziplinären Gründen vornehmen darf, sind Disziplinarmaßnahmen dem nächsthöheren Vorgesetzten vorbehalten,[172] im soeben erwähnten Beispiel dem zuständigen Vorstandsmitglied oder Geschäftsführer. Eine solche Regelung ist zu empfehlen, da durch sie eine gewisse Neutralität und Objektivität gewährleistet wird.[173]

Außerdem kann der Stelleninhaber noch einem Fachvorgesetzten unterstellt sein, der berechtigt ist, in einem bestimmten Fachgebiet Anordnungen zu erteilen und Kontrollen durchzuführen.[174] Das trifft zum Beispiel bei der Matrixorganisation zu. Die Hauptabteilungsleiter einer Sparte - in kleineren Unternehmen Abteilungsleiter - erhalten nicht nur vom Spartenleiter Anordnungen, sondern auch von den zuständigen Leitern der funktionalen Zentralstellen, deren Aufgabe es ist, gleichartige Tätigkeiten der einzelnen Sparten unter Berücksichtigung des Gesamtziels der Unternehmung zu koordinieren, beispielsweise die Materialbeschaffung und -lagerung oder die Werbung.

- Überstellungsverhältnisse

Durch ihre Regelung wird festgelegt, wem gegenüber der Stelleninhaber direkter Vorgesetzter ist. Als Beispiel soll der Hauptabteilungsleiter der Absatzwirtschaft eines gemischten Hüttenwerkes dienen. Ihm sind beispielsweise die Leiter der Verkaufsabteilungen

---

172) Vgl. ebenda, S. 81 f.

173) Vgl. ebenda, S. 82

174) Vgl. ebenda

Roheisen und Nebenprodukte,
Halbzeug,
Stab- und Formstahl,
Grob- und Mittelbleche,
Fein- und Feinstbleche,
Spiralgeschweißte Rohre,
Export
und dem Produktionsprogramm entsprechend noch andere Leiter von Verkaufsabteilungen direkt unterstellt.

- Stellvertretung

Es ist zu regeln, von welcher Stelle der Stelleninhaber bei Abwesenheit vertreten wird (passive Stellvertretung) und welche Stelle er zu vertreten hat (aktive Stellvertretung). Außerdem ist in die Stellenbeschreibung aufzunehmen, ob es sich um eine hauptamtliche, nebenamtliche, begrenzte oder geteilte Stellvertretung oder um eine Stellvertretung von Fall zu Fall handelt.[175] Auf diese Fragen wird in einem besonderen Abschnitt ausführlich eingegangen.

- Ziel der Stelle

Das Ziel der Stelle ist gemäß dem Prägnanzgesetz im Kurzstil zu formulieren.[176]

175) Vgl. ebenda, S. 124 ff.

176) Vgl. ebenda, S. 140
Vgl. Schwarz, H., "Betriebsorganisation als Führungsaufgabe", a.a.O., S. 300

- Aufgabenbereich im einzelnen und Festlegung der Befugnisse (Kompetenzen)

In dieser Rubrik der Stellenbeschreibung werden die Hauptaufgaben (einschließlich Sonderaufgaben), die mit ihnen verbundenen Kompetenzen und sich daraus ergebende Verantwortlichkeiten geregelt.[177] Im Sinne des Prägnanzgesetzes ist die Feststellung notwendig, bei welchen Aufgaben der Stelleninhaber

Entscheidungen treffen kann und somit in Linienfunktion tätig ist,

Entscheidungen anderer Stellen vorbereitet, indem er diese Stellen informiert und berät und so eine Stabsfunktion ausübt

oder bei der Durchführung einer Aufgabe eine Dienstleistungsfunktion übernimmt, etwa die Karteiführung oder die Erledigung der formalen Tätigkeiten bei der vom Vorstand beschlossenen Einstellung eines neuen Mitarbeiters.[178]

- Anforderung der Aufgaben an die Person des Stelleninhabers

Wie bereits beim Besetzungsbild erläutert wurde, handelt es sich hier beispielsweise um Ausbildung, berufliche Erfahrungen und wichtige Persönlichkeitsmerkmale des Stelleninhabers im Sinne der Eignung für

---

177) Vgl. Schwarz, H., "Betriebsorganisation als Führungsaufgabe", a.a.O., S. 300

178) Vgl. Höhn, R., "Stellenbeschreibungen - aber richtig", a.a.O., S. 41 und 57 f.

die geforderten Funktionen.[179)]

bc) Aufgaben und Bedeutung der Stellenbeschreibung

Die Stellenbeschreibung ist ein "praktisches Organisations- und Führungsinstrument".[180)] Sie dient als Hilfsmittel der Rationalisierung bei der Lösung von Problemen der Aufbau- und Ablauforganisation, ist eine wichtige Basis für die Objektivierung der Lohn- und Gehaltsstruktur im Unternehmen,[181)] trägt zur Verbesserung des "Informations-, Kontroll-, Anreiz- und Personalbeurteilungs- und -förderungssystems"[182)] bei und gilt als wertvolle Grundlage bei der analytischen Arbeitsbewertung.[183)]

Darüber hinaus ist die Stellenbeschreibung eine "wichtige Voraussetzung für die Anwendung moderner Führungskonzepte, wie Management by Delegation und Management by Objectives".[184)]

179) Vgl. Schwarz, H., "Betriebsorganisation als Führungsaufgabe", a.a.O., S. 300
Vgl. Kosiol, E., a.a.O., S. 94

180) Vgl. Bleicher, K., Meyer, E., a.a.O., S. 172

181) Vgl. Korndörfer, W., "Unternehmensführungslehre", 2. Aufl., Wiesbaden 1979, S. 198
Vgl. hierzu auch Höhn, R. und Böhme, G., "Führungsbrevier der Wirtschaft", a.a.O., S. 31

182) Bleicher, K., Meyer, E., a.a.O., S. 173

183) Vgl. Höhn, R. und Böhme, G., "Führungsbrevier der Wirtschaft", a.a.O., S. 31
Vgl. auch Ulrich, P., Fluri, E., "Management", Bern und Stuttgart 1975, S. 178

184) Jakob, H., "Unternehmungsorganisation", Gestaltung und Entwicklung sozio-technischer Systeme, Stuttgart, Berlin, Köln, Mainz 1980, S. 157

bd) Probleme bei der Erarbeitung der Stellenbeschreibung

S c h w a r z schlägt für den zeitlichen Ablauf der Erarbeitung der Stellenbeschreibungen folgende drei Phasen vor:[185)]

1. Phase

Aufnahme und Analyse des organisatorischen Istzustandes einschließlich der Änderungsvorschläge des Stelleninhabers zur Gestaltung seines Aufgabenbereichs.

2. Phase

Aufgedeckte Mängel der Organisationsstruktur werden beseitigt. Die Entscheidung darüber liegt je nach Art und Umfang des Organisationsproblems entweder beim Leiter der Stellenbeschreibungsaktion, der den Mitgliedern des Stellenbeschreibungsteams vorsteht, oder bei der obersten Leitung des Unternehmens. Danach fertigen die Mitglieder des Teams die Stellenbeschreibungsentwürfe an.

3. Phase

Über den Entwurf der Stellenbeschreibung findet eine Aussprache statt. An ihr nehmen das zuständige Mitglied des Stellenbeschreibungsteams, der Stelleninhaber, sein Vorgesetzter und andere Mitarbeiter teil, die von der Festlegung der Stellenaufgaben unmittelbar betroffen sind. Anschließend werden die Stellenbeschreibungen von den Mitgliedern des Stellenbeschreibungsteams endgültig angefertigt und durch die Unterschriften des Leiters der Aktion Stellenbeschreibung, des Stelleninhabers und seines Vorgesetzten in Kraft gesetzt.

---

185) Vgl. Schwarz, H., "Betriebsorganisation als Führungsaufgabe", a.a.O., S. 303-305
Vgl. auch Schwarz, H. und Mitarbeiter, "Arbeitsplatzbeschreibungen", a.a.O., S. 232 ff.

Diese Vorgehensweise bei der Erarbeitung der Stellenbeschreibungen dürfte in Großunternehmen wegen der hohen Kosten nicht zu verwirklichen sein. Beispielsweise sind in Großunternehmen der Industrie mit ihren vielfältigen Aufgaben unter Umständen etwa 1000 Stellenbeschreibungen anzufertigen.[186)] Dies könnte nur von einem sehr großen Stellenbeschreibungsteam geleistet werden und nähme außerdem viel Zeit in Anspruch. Das ist jedoch kaum zu vertreten, da die firmeneigenen Mitglieder des Teams ihren Abteilungen nicht entzogen werden können, ohne für sie eine langfristige Stellvertretung einzusetzen, und Unternehmensberater sehr teuer sind.

Darüber hinaus müssen Stellenbeschreibungen von Zeit zu Zeit geändert und auf den neuesten Stand gebracht werden. Auch diese Aufgabe obläge wegen der Notwendigkeit einheitlichen Vorgehens und der langen Zeitdauer der Stellenbeschreibungsaktion - in Großunternehmen dürfte es sich um mehrere Jahre handeln - dem zentralen Stellenbeschreibungsteam.

Bei der Entscheidung, welcher Weg bei der Erarbeitung und Änderung der Stellenbeschreibungen eingeschlagen wird, ist die erfolgreiche Einführung und Anwendung der Stellenbeschreibungen zu berücksichtigen. Dies entspricht den zu beachtenden Gestaltgesetzen der "Geschlossenheit" und des "glatten Verlaufs".

Das Problem kann durch dezentrale Anfertigung und Änderung der Stellenbeschreibungen gelöst werden. Auf diese Weise vermeidet man Überorganisation, mangelnde Elastizität und Flexibilität sowie mögliche Hemmungen der Initiative der Vorgesetzten und Mitarbeiter.[187)]

---

186) Vgl. hierzu Rolf, H., "Zum Problem der Anwendung des kooperativen Führungsstils", management heute, Heft 4, 1977, S. 10

187) Vgl. hierzu Korndörfer, W., "Unternehmensführungslehre", a.a.O., S. 198

Unseres Erachtens wäre folgendes Verfahren sinnvoll:[188)]

1. Phase

Um ein einheitliches Vorgehen bei der dezentralen Anfertigung und Änderung der Stellenbeschreibungen zu erreichen, werden von einer Arbeitsgruppe, die aus Mitarbeitern der Organisationsabteilung, Personalabteilung und des Betriebsrates besteht, Richtlinien erstellt. Diese werden mit der Unternehmensführung erörtert und nach eventuellen Änderungen im Einvernehmen mit dem Betriebsrat in Kraft gesetzt.
Im Sinne des "glatten Verlaufs" der Stellenbeschreibungsaktion ist die Beteiligung des Betriebsrates bereits in dieser Phase zu empfehlen, da seine Einsprüche in einem späteren Stadium zu erheblichen Konflikten, Änderungen und Zeitverlusten führen können.

2. Phase

Unter Einhaltung der Richtlinien werden die Stellenbeschreibungen dezentral in den einzelnen Unternehmensbereichen, zum Beispiel Hauptabteilungen und Abteilungen angefertigt oder geändert. Dabei wirken der Stelleninhaber, der zunächst einen Entwurf erarbeitet, sein Vorgesetzter und diejenigen Personen mit, die mit dem Stelleninhaber beim jeweiligen Arbeitsablauf unmittelbar zusammenarbeiten. Auf diese Weise werden Doppelarbeiten oder sonstige Unwirtschaftlichkeiten erkannt und vor Anfertigung der Stellenbeschreibungen beseitigt.
Besteht Einvernehmen über die Stellenbeschreibung, wird sie vom Vorgesetzten und vom Stelleninhaber unterschrieben und tritt in Kraft.

---

188) Vgl. hierzu Rolf, H., "Zum Problem der Anwendung des kooperativen Führungsstils", a.a.O., S. 10

3. Phase

Wenn keine Einigung zustandekommt, werden Organisationsabteilung, Personalabteilung und gegebenenfalls der Betriebsrat eingeschaltet, um den Sachverhalt zu prüfen und mit den Beteiligten eine Lösung herbeizuführen. Sollte dies nicht möglich sein, wird die Stellenbeschreibung der Geschäftsführung zur Entscheidung vorgelegt.

be) Psychologische Probleme bei der Einführung und Anwendung der Stellenbeschreibung

Die von Schwarz vorgeschlagene zentrale Erarbeitung der Stellenbeschreibungen kommt einem allgemeinen Organisationsverbot für Vorgesetzte und Mitarbeiter gleich, wie es von Höhn und Böhme gefordert wird.[189] Dieser Auffassung können wir uns nicht anschließen; denn eine solche Regelung, die neben der erstmaligen Erstellung auch die Änderungen der Stellenbeschreibungen einschlösse, dürfte zum einen aus den bereits erwähnten Kostengründen nicht zu verwirklichen sein und zum anderen die Zusammenarbeit von Stelleninhabern bei Arbeitsabläufen erschweren, weil Änderungen von Arbeitsabläufen oft auch Änderungen von Stellenbeschreibungen zur Folge haben und ihre zentrale Bearbeitung sehr schwerfällig wäre. Das Übermaß an Festlegung und Zwang würde von Vorgesetzten und Mitarbeitern als Störung empfunden, einer freiheitlich sich bildenden sachlichen Ordnung im Wege stehen[190] und die dynamische Gestaltung der Unternehmensorganisation ver-

189) Vgl. Höhn, R. und Böhme, G., "Führungsbrevier der Wirtschaft", a.a.O., S. 32

190) Vgl. hierzu Metzger, W., "Psychologie", a.a.O., S. 204 und 210

hindern, was nach der Gestalttheorie letztlich zu starren Gestalten, zu "Mißgestalten" führt. Durch eine dezentrale Anfertigung und Änderung von Stellenbeschreibungen dürften solche negativen Einflüsse ausgeschaltet werden.

Es wurde bereits erwähnt, daß die Stellenbeschreibung eine wichtige Voraussetzung für die Anwendung moderner Führungsmethoden ist. Zu diesen gehört die kooperative Führung mit Delegation von Verantwortung, die in der Praxis weite Verbreitung gefunden hat. Darunter verstehen H ö h n und B ö h m e die Übertragung von Delegationsbereichen, das heißt Aufgaben, Kompetenzen und der sich daraus ergebenden Verantwortung an den einzelnen Mitarbeiter.[191)] Dieser muß für das Handeln oder Unterlassen in seinem Delegationsbereich einstehen und die sogenannte "Handlungsverantwortung" tragen, während seinem Vorgesetzten die "Führungsverantwortung" obliegt, wie die sorgfältige Auswahl der Mitarbeiter für zu besetzende Stellen, die richtige Einarbeitung und Information, die Ausübung der Dienstaufsicht und Erfolgskontrolle und gegebenenfalls die Vornahme entsprechender Korrekturen.[192)]

Bei der Führung nach dem Prinzip der Delegation von Verantwortung kommt der Stellenbeschreibung besondere Bedeutung zu, da sie den Delegationsbereich des Stelleninhabers mit seinen Rechten und Pflichten abgrenzt. Das gilt gleichermaßen für Vorgesetzte und Mitarbeiter. Sie müssen sich nach ihrer Stellenbeschreibung richten.
Der Vorgesetzte hat nicht mehr wie bei der autoritären

---

191) Vgl. Höhn, R. und Böhme, G., "Führungsbrevier der Wirtschaft", a.a.O., S. 20

192) Vgl. ebenda, S. 10 f.

Führung das Recht, jederzeit in den Delegationsbereich des Mitarbeiters einzugreifen; denn dieser ist berechtigt und verpflichtet, in seinem Bereich selbständig zu handeln und zu entscheiden.[193)]
Der Mitarbeiter darf die ihm übertragene Verantwortung weder dem Vorgesetzten zuschieben (Verbot der Rückdelegation), noch die ihm übertragenen Aufgaben an Mitarbeiter oder Kollegen weitergeben (Verbot der Weiterdelegation).[194)]

Die Nichtbeachtung der in der Stellenbeschreibung festgelegten Pflichten und Rechte der Vorgesetzten oder Mitarbeiter löst Konflikte aus. So wird ein Teil der Mitarbeiter einem autoritär führenden Vorgesetzten, der die Stellenbeschreibungen mißachtet, Widerstand leisten. Die besten von ihnen werden vielleicht das Unternehmen verlassen, wenn sich der Vorgesetzte in seinem Verhalten nicht ändert.
Ein anderer Teil der Mitarbeiter fühlt sich möglicherweise noch zu unsicher, selbständig zu entscheiden und sucht Absicherung beim Vorgesetzten, um die Handlungsverantwortung nicht allein tragen zu müssen,[195)] was dem Prinzip der Delegation von Verantwortung widerspricht.

Zur Lösung solcher Probleme ist die Schulung der Vorgesetzten und Mitarbeiter erforderlich. Der autoritäre Vorgesetzte muß von der Notwendigkeit kooperativer Führung überzeugt werden, bevor er mit Delegation von Verantwortung führen kann, und ein Mitarbeiter, der bisher keine Verantwortung getragen hat, be-

---

193) Vgl. Höhn, R., "Stellenbeschreibungen - aber richtig", a.a.O., S. 6 f.

194) Vgl. Höhn, R. und Böhme, G., "Führungsbrevier der Wirtschaft", a.a.O., S. 13

195) Vgl. hierzu ebenda, S. 34

darf des wertschätzenden Verhaltens seines Vorgesetzten und der Ermutigung, daß er zu selbständigem Handeln und Entscheiden fähig ist.

Es ist anzunehmen, daß die erfolgreiche Einführung und Anwendung der Stellenbeschreibungen im Rahmen kooperativer Führung mit Delegation von Verantwortung mehrere Jahre in Anspruch nimmt.

2. Bildung von Abteilungen und ihre Einordnung in die Unternehmenshierarchie

a) Abgrenzung des Begriffs Abteilung

Nach Goossens handelt es sich bei der Abteilung um eine "...Zusammenfassung mehrerer Stellen unter einen Vorgesetzten".[196] Im gleichen Sinne äußern sich auch Kosiol[197] und Schwarz.[198]

Der Arbeitskreis Krähe der Schmalenbach-Gesellschaft bezeichnet Abteilungen als "...Arbeitsgruppen, die ein abgegrenztes Aufgabengebiet (einen Funktionsbereich) umfassen, für das ein Leiter verantwortlich ist und für das er das erforderliche Anordnungsrecht besitzt".[199]

---

196) Goossens, F., "Moderne Unternehmungs-Leitung", München 1958, S. 121

197) Vgl. Kosiol, E., a.a.O., S. 92

198) Vgl. Schwarz, H., "Betriebsorganisation als Führungsaufgabe", a.a.O., S. 88

199) Arbeitskreis Krähe der Schmalenbach-Gesellschaft, "Unternehmungsorganisation", Aufgaben- und Abteilungsgliederung in der industriellen Unternehmung, 4. Aufl., Köln u. Opladen 1963, S. 21

Es ist zwischen Linien- und Stabsabteilungen zu unterscheiden. Während die Leiter der Linienabteilungen wie Einkauf, Verkauf, Geschäftsbuchhaltung, Betriebsbuchhaltung, Allgemeine Verwaltung, Personal- oder Sozialabteilung in ihrem Aufgaben- und Kompetenzbereich Entscheidungs- und Anordnungsrecht besitzen, haben die Leiter der Stabsabteilungen (zum Beispiel Rechtsabteilung, Organisationsabteilung, Revisionsabteilung oder Öffentlichkeitsarbeit) gegenüber den Linienabteilungen nur entscheidungsvorbereitende, Beratungs-, Koordinations- und zum Teil Kontrollaufgaben wahrzunehmen.

b) Abteilungsgliederung

Die Abteilungsgliederung (horizontale und vertikale Gliederung) hängt wesentlich von der Größe und Organisationsform der Unternehmung ab.

In kleinen Unternehmen unterstehen der Geschäftsleitung beispielsweise ein Abteilungsleiter, dem die Leitung des kaufmännischen und personellen Bereichs obliegt, und ein Betriebsleiter, der mit der Leitung des technischen Bereichs betraut ist. Diesen Leitern sind jeweils die Sachbearbeiter oder Handwerker im Produktionsbetrieb direkt unterstellt.

In mittleren Unternehmen vergrößert sich wegen der zunehmenden Sach-, Koordinations- und Kontrollaufgaben sowohl die Gliederungsbreite als auch die Gliederungstiefe. Zum Beispiel unterstehen der Geschäftsleitung mehrere Abteilungsleiter, die jeweils für "Einkauf", "Verkauf", "Rechnungs- und Finanzwesen", "Personal-, Sozialwesen, Allgemeine Verwaltung" zuständig sind; außerdem Betriebsleiter, etwa für "Stahlfensterbau", "Stahlbehälterbau", "Verzinkerei" sowie der Leiter der Abteilung "Entwicklung, Konstruktion und Arbeitsvorbereitung". Diese Abteilungen sind in Gruppen gegliedert, die jeweils von einem Gruppenleiter geführt werden, während den Leitern der Produktionsbetriebe Meister unterstellt sind, die ebenfalls Leitungsaufgaben wahrnehmen und wie die Gruppenleiter auf der gleichen hierarchischen Stufe stehen.

Größere Unternehmen (Kapitalgesellschaften über 2000 Beschäftigte), die nicht zur Montanindustrie gehören, unterliegen dem Mitbestimmungsgesetz von 1976, wonach für Aufgaben im personellen und sozialen Bereich ein Arbeitsdirektor zuständig ist, der als gleichberechtigtes Mitglied der Geschäftsleitung angehört. Diese gesetzliche Regelung beeinflußt die Abteilungsgliederung der betroffenen Unternehmen; denn es ist in solchen Gesellschaften zum Beispiel nicht mehr möglich, die Personal- und Sozialabteilung dem Geschäftsführer oder Vorstandsmitglied des kaufmännischen Bereichs zu unterstellen.

Großunternehmen verfügen oft über folgende Abteilungsgliederung unter der Geschäftsleitung oder dem Vorstand:[200]

Hauptabteilungen
Abteilungen
Gruppen
Untergruppen

---

200) Vgl. ebenda

In gemischten Hüttenwerken, für die das Montanmitbestimmungsgesetz von 1951 gilt, ist beispielsweise die folgende Abteilungsgliederung unter dem Vorstandsmitglied des kaufmännischen Bereichs anzutreffen.[201)]

Bei den in Klammern stehenden Abteilungs- und Gruppenbezeichnungen handelt es sich um ausgewählte Beispiele.

- Hauptabteilung (Rechnungswesen)
- Abteilung (Betriebsbuchhaltung)
- Gruppe (Kostenabteilung Stahlwerke)

Sehr große Unternehmen der Stahlindustrie mit weitverzweigtem Produktionsprogramm haben eine tiefere Abteilungsgliederung, zum Beispiel

- Hauptabteilung (Absatzwirtschaft)
- Abteilungsgruppe (Walzstahl)
- Abteilung (Stab- und Formstahl)
- Hauptgruppe (Stabstahl)
- Gruppe (Aufteilung nach Kundengruppen oder regionalen Gesichtspunkten) [202)]

Als weiteres Beispiel soll der technische Bereich eines Hüttenwerkes dienen. Unter dem für die Produktion zuständigen Vorstandsmitglied kann man folgende Gliederungsstufen finden:

- Werksbereich (Stahlwerke)
- Betriebsgruppe (Siemens-Martin-Stahlwerke)
- Betrieb (Siemens-Martin-Stahlwerk I)
- Meister (Ofenbühne oder Gießhalle) [203)]

---

201) Vgl. Rolf, H., "Zum Problem der Leitungsspanne in Großunternehmen der Industrie", Teil I, management heute, Heft 1, 1978, S. 7

202) Vgl. ebenda

203) Vgl. ebenda

Die Leiter der obengenannten Abteilungen und Gruppen einschließlich der Meister stellen jeweils eine Instanz dar, sie haben Entscheidungs- und Anordnungskompetenz und sind verpflichtet, in ihrem Aufgabenbereich Initiative zu ergreifen und die Leitungsverantwortung zu tragen.[204)]

c) Psychologische Probleme bei kritischen Unterstellungsverhältnissen

Wie bereits erwähnt wurde, ist nach dem "Gestaltgesetz der Gleichartigkeit" für die Bildung von Einheiten das "...gegenseitige Verhältnis, das inhaltliche Zueinander des Gegebenen" entscheidend.[205)] Demnach sollte es bei der Unterstellung von Abteilungen niedrigerer Ordnung unter Abteilungen höherer Ordnung ausschlaggebend sein, ob diese Abteilungen ihrem Wesen nach zusammengehören. Die Nichtbeachtung dieses Gestaltgesetzes kann zu Unterstellungsverhältnissen führen, die besonders konfliktträchtig sind. Sie kommen vor allem in historisch gewachsenen Unternehmen vor, in denen sich unzweckmäßige Teilstrukturen im Laufe der Zeit verhärtet haben.

Im folgenden werden beispielhaft einige solcher kritischen Unterstellungsverhältnisse erörtert, die man in Großunternehmen der Industrie mit funktionaler Organisationsform im personellen und im kaufmännischen Bereich antreffen kann. Diese Organisationsform wird in den Abbildungen 1, 2 und 3 am Beispiel eines gemischten Hüttenwerkes mit drei Vorstandsbereichen

---

204) Vgl. hierzu Kosiol, E., a.a.O., S. 114 f.

205) Metzger, W., "Psychologie", a.a.O., S. 106

veranschaulicht, wobei nur die den einzelnen Vorstandsmitgliedern direkt unterstellten Produktions- und Hilfsbetriebe, Hauptabteilungen und Stabsabteilungen dargestellt sind.[206)]

Abbildung 1: Technischer Bereich

Abbildung 1: Funktionale Organisationsform des technischen Bereichs

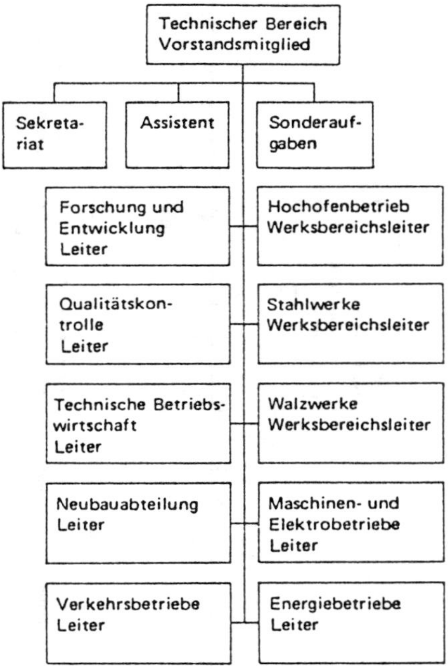

206) Rolf, H., "Kann es einen einheitlichen Führungsstil im Unternehmen geben?", Teil I, Funktionale Organisationsform und Führungsstil, management heute, Heft 2, 1979, S. 20 f.

Abbildung 2: Personeller und sozialer Bereich

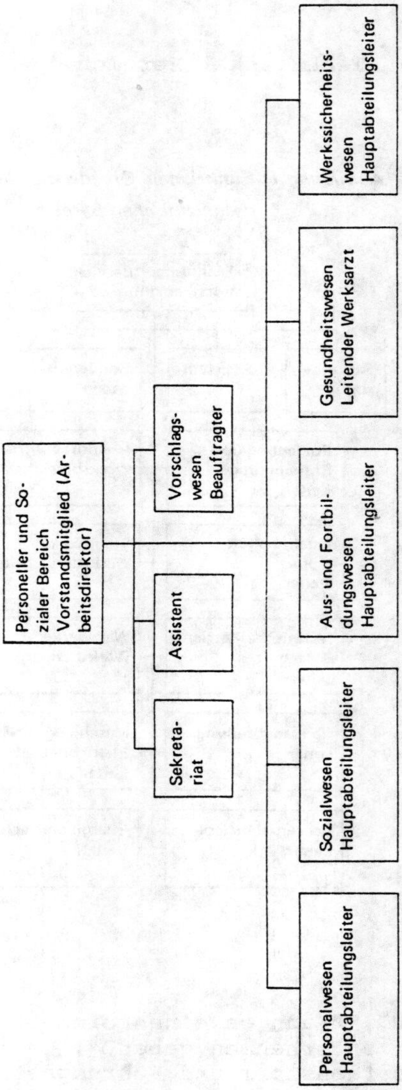

Abbildung 2: Funktionale Organisationsform des personellen und sozialen Bereichs

Abbildung 3: Kaufmännischer Bereich

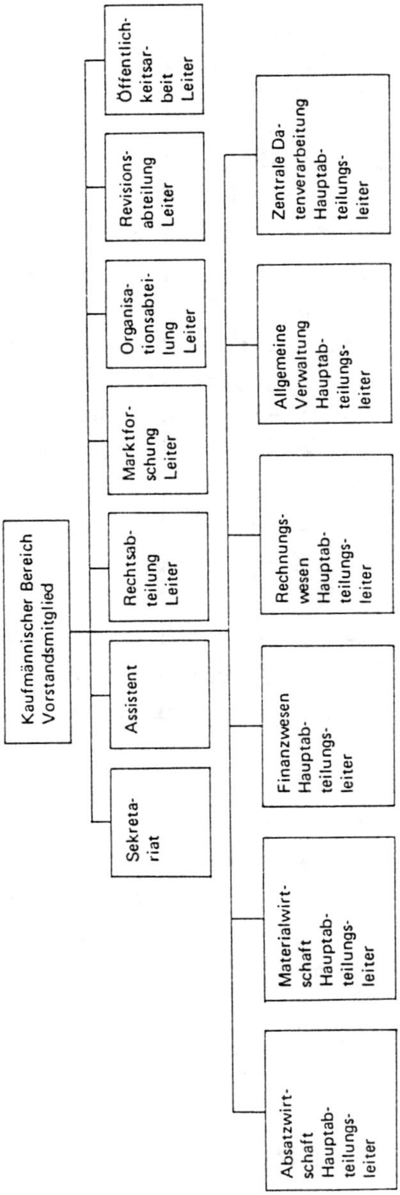

Abbildung 3: Funktionale Organisationsform des kaufmännischen Bereichs

ca) Beispiele kritischer Unterstellungsverhältnisse im personellen Bereich des Unternehmens

ca 1) Betriebliches Vorschlagswesen

Zu den Aufgaben der Abteilung "Betriebliches Vorschlagswesen" gehören im wesentlichen die Erarbeitung von Richtlinien für die Bewertung von Verbesserungsvorschlägen, die Registrierung ihres Einganges, ihre Prüfung und Weiterleitung an die jeweiligen Gutachter, die Vorbereitung und Durchführung der Sitzungen des Bewertungsausschusses, die Mitteilungen über Eingang, Annahme oder Ablehnung des Vorschlages, die Überwachung der Durchführung angenommener Verbesserungsvorschläge, die Vorbereitung der Übergabe der Prämien durch den Arbeitsdirektor und die innerbetriebliche Werbung.

Das Vorschlagswesen soll den Mitarbeiter dazu anregen, über seine eigentliche Tätigkeit hinaus mitzudenken und das Betriebsgeschehen durch Verbesserungsvorschläge mitzugestalten.[207)]

B o r n e m a n n äußert sich zur Bedeutung der Beteiligung der Mitarbeiter am Vorschlagswesen wie folgt: "Der Umfang der Beteiligung am Vorschlagswesen kann als ein Kriterium für gutes und schlechtes Betriebs-

---

207) Vgl. Aschoff, C. und Kellermann, H., "Personalinformationen als Voraussetzung zielorientierter Führung", in: Betriebswirtschaftliche Führungslehre, Ein entscheidungsorientierter Ansatz, Hrsg. E. Heinen, a.a.O., S. 209

klima und für den Geist der Führung in einzelnen Betrieben angesehen werden".[208)]

In manchen Großunternehmen untersteht die Abteilung "Betriebliches Vorschlagswesen" unmittelbar dem Hauptabteilungsleiter des Personal- oder Sozialwesens; es kommt auch vor, daß sie in einer tieferen hierarchischen Ebene eingeordnet ist. K r ü g e r ist der Auffassung, daß das Vorschlagswesen in den meisten Betrieben ein "Schattendasein" führt.[209)]

Solche Unterstellungsverhältnisse werden der Bedeutung des Vorschlagswesens nicht gerecht; denn Verbesserungsvorschläge können zum einen erheblich zur Kostensenkung beitragen und zum anderen ein Kriterium für die Anwendung des kooperativen Führungsstils im Unternehmen sein. Es genügt nicht, diesen Führungsstil in der "Führungsanweisung" verbindlich vorzuschreiben, er muß auch von den Vorgesetzten praktiziert werden. Dazu gehört es, den Mitarbeiter zu Verbesserungsvorschlägen anzuregen und ihm bei der schriftlichen Formulierung oder Anfertigung von Zeichnungsentwürfen zu helfen, wenn er dabei Schwierigkeiten hat. Manche gute Idee wird nicht verwirklicht, weil der Vorgesetzte dem Mitarbeiter die Anerkennung und Unterstützung versagt. Dies kann darin begründet sein, daß der Vorgesetzte das Mehrkönnen des Mitarbeiters als Gefährdung erlebt, die abzuwehren ist.[209a)]

Es soll auch Vorgesetzte geben, die ihre Mitarbeiter wegen eingereichter Verbesserungsvorschläge schika-

---

208) Bornemann, E., "Betriebspsychologie", Wiesbaden 1967, S. 93
Vgl. hierzu Rolf, H., "Zum Problem der Anwendung des kooperativen Führungsstils", a.a.O., S. 7

209) Vgl. hierzu Krüger, W., "Konfliktsteuerung als Führungsaufgabe", Positive und negative Aspekte von Konfliktsituationen, München 1973, S. 174

209a) Vgl. Pfaff, K. und Krenn, St., "Mutwillige Grenzüberschreitungen", Dortmund 1984, S. 33

nieren.[210] Vermutlich sind solche Vorgesetzte Anhänger des milieutheoretischen Pessimismus, hegen den Mitarbeitern gegenüber eine negative Erwartungseinstellung und halten nur sich für fähig, neue Ideen zu entwickeln und Verbesserungen vorzuschlagen. Diese autoritäre Denk- und Verhaltensweise von Vorgesetzten dürfte zu schweren Konflikten führen; denn die Mitarbeiter werden wesentlich durch die Arbeit selbst motiviert (intrinsische Motivation), brauchen dazu aber Freiheitsräume.[211] Schikanen belasten erheblich die Beziehungsstruktur und verstoßen gegen das Gestaltgesetz der "guten Fortsetzung" und des "glatten Verlaufs", führen bei den Mitarbeitern zu Frustrationen, die Resignation oder Aggression zur Folge haben, verschlechtern das Betriebsklima, mindern die Arbeitsleistung und dürften die Mitarbeiter in der betreffenden Abteilung veranlassen, keine Verbesserungsvorschläge mehr einzureichen. Darüber hinaus werden vor allem dynamische Mitarbeiter bei Gelegenheit die Stelle wechseln, so daß dem Unternehmen die besten Kräfte verlorengehen.

Die Unterstützung und Förderung des Vorschlagswesens ist eine der wichtigsten Aufgaben der kooperativen Führung im Unternehmen. Deshalb sollte die Abteilung "Betriebliches Vorschlagswesen" dem Arbeitsdirektor (Vorstandsmitglied) unmittelbar unterstellt werden. Durch die Einschaltung von Zwischeninstanzen können wichtige Informationen zurückgehalten, gefiltert oder verfälscht[212] werden und zu Fehlentscheidungen des

---

210) Vgl. in diesem Sinne Bornemann, E., a.a.O., S. 93

211) Vgl. hierzu Weinert, A.B., "Lehrbuch der Organisationspsychologie", Menschliches Verhalten in Organisationen, München, Wien, Baltimore 1981, S. 104

212) Vgl. hierzu Mayntz, R., "Soziologie der Organisation", 46.-48. Taus., Reinbek b. Hamburg 1976, S. 94

Arbeitsdirektors führen. Die direkte Unterstellung dieser Abteilung unter den Arbeitsdirektor bringt zum Ausdruck, daß die Unternehmensführung dem Vorschlagswesen besondere Bedeutung beimißt. Darin liegt eine Signalwirkung für die Vorgesetzten aller Unternehmensbereiche.

ca 2) Psychologischer Dienst

Zu den Aufgaben dieser Abteilung gehören beispielsweise

- psychologische Eignungsuntersuchungen vor Neueinstellungen, Beförderungen und Umbesetzungen, damit für jeden einzelnen die Tätigkeit gefunden wird, die möglichst weitgehend seinen Neigungen entspricht und bei der seine Fähigkeiten am besten entfaltet werden können,[213)]

- die Befragung nach dem Kündigungsgrund, wenn Mitarbeiter ihre Stelle wechseln,

- die Beratung von Mitarbeitern bei psychischen Problemen,

- die Schulung von Vorgesetzten und Ausbildern, um sie zu befähigen, Mitarbeiter zu beurteilen und sie kooperativ zu führen,

213) Vgl. hierzu Jungbluth, A. und Mommsen, E.W. (Hrsg.), "Angewandte Arbeitswissenschaft", München 1968, S. 292

- die Schulung von Pförtnern oder Mitarbeitern, die einzelne Besucher oder Besuchergruppen empfangen und ihnen Auskünfte erteilen oder sie bei Werksbesichtigungen führen und informieren,

- die Arbeitsgestaltung wie

  Lichtgestaltung,
  zum Beispiel Lichtstärke, Lichteinfallwinkel, Blendungserscheinungen oder Lichtfarbe, um Ermüdung durch schlechtes Licht auszuschalten und eine "höhere psychische Wachheit" zu bewirken,[214)]

  Farbgestaltung
  unter Berücksichtigung der gefühlsstimulierenden Wirkung der Farben (warme und kalte Farben) sowie der Verwendung von Warnfarben zur Unfallverhütung (etwa Schwarz-Gelb-Kombination an Gefahrenstellen bei Maschinen, an Kranhaken, Kanten oder Stiegen),[215)]

  Gestaltung der Steuerbühnen und Steuerstände
  bei kontinuierlich arbeitenden maschinellen Anlagen (zum Beispiel Walzwerke), da die Steuerleute durch ihre Tätigkeit fast ausschließlich psychisch belastet werden und deshalb die Bedienungselemente so angeordnet sein müssen, "...daß die Schaltvorgänge selbst in ihrem bewegungsmäßigen Ablauf sowie in ihrer Schaltbewegung den menschlichen Reflex- und Affektreaktionen sinnvoll angepaßt werden",[216)]

---

214) Vgl. Jungbluth, A. und Mitarbeiter, "Arbeitsdirektor und Betrieb", Erfahrungsbericht aus einem Hüttenwerk, München 1957, S. 189 f.

215) Vgl. ebenda, S. 191

216) Ebenda, S. 192

- die Erforschung der Unfallursachen, Anfertigung und Auswertung der Unfallstatistik,

- die Werbung für die Sicherheit am Arbeitsplatz und im Werksgelände und die Schulung der Unfallvertrauensleute.

Bereits diese exemplarische Darstellung der Tätigkeiten läßt den interdisziplinären Charakter der Aufgaben der Abteilung "Psychologischer Dienst" erkennen. Sie arbeitet eng mit den Arbeitsmedizinern im "Werksärztlichen Dienst", der Personalabteilung, der Organisationsabteilung sowie den Betriebsleitern, Meistern und Unfallvertrauensleuten zusammen.

In Großunternehmen ist der Leiter der Abteilung "Psychologischer Dienst" oft dem Hauptabteilungsleiter des Personalwesens (Personalchef), in manchen Unternehmen auch dem Leiter des "Werksärztlichen Dienstes" direkt unterstellt.
Solche Unterstellungsverhältnisse können problematisch sein; denn durch die Ausbildung bedingt liegen bei einem Personalchef, der zum Beispiel Jurist und nicht Psychologe ist, die Hauptinteressen auf dem Gebiet des Arbeitsrechts, und der leitende Werksarzt (Arbeitsmediziner) dürfte sich mit psychologischen Fragen nur wenig befassen. So kann es oft zu Konflikten mit dem Werkspsychologen kommen, wenn dessen Vorgesetzter psychologischen Gesichtspunkten nicht die notwendige Beachtung schenkt.

Der Leiter der Abteilung "Psychologischer Dienst" sollte dem Arbeitsdirektor unmittelbar unterstellt werden, weil der interdisziplinäre Charakter und das Wesen und die Bedeutung der Aufgaben die Einordnung der Abteilung in eine niedrigere hierarchische Stufe, beispielsweise unter dem Personalchef oder leitenden Werksarzt nicht rechtfertigt. Zudem verstößt es gegen das Gestaltgesetz der Gleichartigkeit, wenn man in der Unternehmung Stabsabteilungen wie Rechtsabteilung, Organisations- und Revisionsabteilung jeweils dem Vorstand unmittelbar unterstellt, während die diesen Abteilungen von der Funktion her als gleichrangig anzusehende Stabsabteilung "Psychologischer Dienst" einer niedrigeren Instanz untergeordnet wird.

cb) Beispiele kritischer Unterstellungsverhältnisse im kaufmännischen Bereich des Unternehmens

cb 1) Organisationsabteilung

Zu den Aufgaben der Organisationsabteilung gehören beispielsweise

- die Erstellung und Überarbeitung von Organisationsplänen (Organigrammen),
- Arbeitsablaufuntersuchungen,
- Wirtschaftlichkeitsrechnungen als Entscheidungshilfe bei der Anschaffung von Organisationsmitteln (wie Buchungs- und Fakturierautomaten, Zeiterfassungs- oder Bildschirmgeräte),
- die Auswahl von Organisationsmitteln,
- die Gestaltung des Vordruckwesens,
- die Büroraumplanung und Arbeitsplatzgestaltung,
- die Mitwirkung bei der Anfertigung und Änderung von Stellenbeschreibungen,
- die Begutachtung von Verbesserungsvorschlägen im personellen, sozialen und kaufmännischen Bereich des Unternehmens
- und vielfältige Sonderaufgaben.

Der Leiter der Organisationsabteilung untersteht zumeist unmittelbar dem kaufmännischen Vorstandsmitglied des Unternehmens. In sehr großen Unternehmen mit zwei kaufmännischen Vorstandsbereichen, der eine zum Beispiel mit dem Schwerpunkt "Absatz- und Materialwirtschaft" und der andere mit dem Schwerpunkt "Finanz- und Rechnungswesen", untersteht die Organisationsabteilung oft direkt dem Vorstandsmitglied des letztgenannten Bereichs. Es kommt auch vor, daß die Organisationsabteilung dem Vorstandsvorsitzenden unmittelbar unterstellt ist. Solche Unterstellungsverhältnisse sind zweckmäßig, weil die Organisationsabteilung bei ihren Gestaltungsvorschlägen keine Anordnungen von einem Abteilungsleiter der Linie erhält und deshalb die für kreative Arbeit größtmögliche Unabhängigkeit besitzt.

Es wäre auch sinnvoll, die Organisationsabteilung dem Arbeitsdirektor (Vorstandsmitglied) direkt zu unterstellen, da Organisation und Menschenführung als Einheit angesehen werden können.

Nicht sinnvoll dürfte es dagegen sein, den Leiter der Organisationsabteilung dem Gesamtvorstand, das heißt allen Vorstandsmitgliedern unmittelbar zu unterstellen. Schon in der Bibel steht im Gleichnis "Vom rechten Gebrauch des Reichtums" der Ausspruch: "Man kann nicht zwei Herren dienen".[217] Wie sollte - im übertragenen Sinne - der Leiter der Organisationsabteilung in der Lage sein, den Anordnungen von sechs oder acht Vorstandsmitgliedern Folge zu leisten? Die Erfahrung bei solchen Mehrfachunterstellungen zeigt, daß die Anordnungen oft gegensätzlich sind und Kon-

---

217) Lukas 16, Vers 9-13

flikte nachsichziehen. Als Beispiel soll die Büroraumplanung des Unternehmens erwähnt werden. In der Regel sind wegen der zunehmenden Verwaltungstätigkeit nicht genügend Büroräume vorhanden. Selbst bei neu errichteten Verwaltungsgebäuden stellt sich oft heraus, daß trotz eingeplanter Reserveflächen schon beim Einzug Büroräume fehlen, weil von der Planung des Gebäudes bis zu seiner Fertigstellung mehrere Jahre vergehen. Bei der Zellenbauweise müssen sich dann zum Beispiel Hauptabteilungs- und Abteilungsleiter mit einem gemeinsamen Vorzimmer begnügen, während bei der Großraumbauweise die Notwendigkeit besteht, die betroffenen Abteilungen näher zusammenzurücken.[218)]
Wenn nun in dieser Situation Vorstandsmitglieder Assistenten oder andere Mitarbeiter einstellen, ganz bestimmte Büroräume oder Büroflächen dafür beanspruchen und dem Leiter der Organisationsabteilung die Anordnung erteilen, diese bereitzustellen, entstehen oft heftige Konflikte zwischen dem Leiter der Organisationsabteilung und den betroffenen Haupt- und Abteilungsleitern. Diese "kämpfen" mit Unterstützung ihrer Sekretärin um ihr Vorzimmer, das als Statussymbol besondere Bedeutung hat. Auch im Großraumbüro leistet man Widerstand, wenn Abteilungen oder Gruppen näher zusammenrücken sollen. Durch diese Konflikte wird das Arbeitsklima zwischen der Organisationsabteilung und den Linienabteilungen stark belastet. Zudem führt das Unvermögen, den Raumforderungen aller Vorstandsmitglieder nachzukommen, mit einzelnen von ihnen zu Spannungen. Sie werfen dem Leiter der Organisationsabteilung vor, daß er nicht in ihrem Sinne argumentiert und ihre Anordnungen nicht befolgt habe. Da sich bei Querschnittsaufgaben der Organisationsab-

---

218) Vgl. Rolf, H., "Zum Problem der Leitungsspanne in Großunternehmen der Industrie", Teil II, management heute, Heft 2, 1978, S. 8

teilung ähnliche Fälle häufen, befindet sich vor allem ihr Leiter oft in Konflikt- und Streßsituationen. Um diese psychische Belastung zu vermeiden und die Arbeit der Organisationsabteilung nicht zu erschweren, ist es zweckmäßig, die Abteilung nur einem einzigen Vorstandsmitglied zu unterstellen.
Konflikte zwischen Vorstandsmitgliedern sollten auf der Vorstandsebene ausgetragen und nicht in die nächste hierarchische Ebene verlagert werden.

Es gibt auch Großunternehmen, in denen der Leiter der Organisationsabteilung einem Hauptabteilungsleiter des kaufmännischen Bereichs unterstellt ist, zum Beispiel dem Leiter des Rechnungswesens oder der Allgemeinen Verwaltung. Bei solchen Unterstellungsverhältnissen treten zwangsläufig schwere Konflikte auf, wenn der Vorgesetzte des Leiters der Organisationsabteilung die Interessen der eigenen Hauptabteilung oder die seiner Kollegen im kaufmännischen Vorstandsbereich in den Vordergrund rückt und organisatorische Regelungen durchsetzen will, mit denen Abteilungsleiter des personellen oder Betriebsleiter des technischen Bereichs nicht einverstanden sind, etwa mit der vorgeschlagenen Umorganisation der betrieblichen Versandstellen und der Verladung. Dann erheben die Betroffenen bei ihren zuständigen Vorstandsmitgliedern Einspruch, so daß die Angelegenheit in einer Vorstandssitzung behandelt und der Leiter der Organisationsabteilung gebeten wird, Bericht zu erstatten und den erarbeiteten Sollzustand zu begründen.
Der Leiter der Organisationsabteilung befindet sich in einer besonders schwierigen Situation, wenn er von seinem vorgesetzten Hauptabteilungsleiter verpflichtet wurde, in der Vorstandssitzung die geplante Neuorganisation kompromißlos, auch gegen seine Überzeugung, zu vertreten. Unter diesen Umständen entstehen weitere Konflikte, ganz gleich, wie sich der

Leiter der Organisationsabteilung in der Vorstandssitzung verhält. Handelt er im Sinne seines vorgesetzten Hauptabteilungsleiters, das angestrebte Ziel ohne Kompromisse zu erreichen, leidet darunter die weitere Zusammenarbeit der Organisationsabteilung mit dem personellen und technischen Bereich des Unternehmens, und versucht er, gegen den Willen seines Vorgesetzten zu einer Kompromißlösung beizutragen, empfindet dieser sein Verhalten als illoyal. Hier ist der sogenannte Aversions-Aversionskonflikt vorprogrammiert, weil der Organisationsleiter zwischen zwei negativen Entscheidungszielen hin und her schwankt. Eine Lösung des Konfliktes ist den Betroffenen meist nur im Sinne des Gestaltzerfalls möglich. In einem Großunternehmen ist es vorgekommen, daß der Hauptabteilungsleiter die Kommunikation mit dem ihm unterstellten Leiter der Organisationsabteilung mehrere Wochen lang völlig eingestellt hat, weil dieser in einer Vorstandssitzung die Auffassung seines Vorgesetzten aus sachlichen Gründen nicht vertreten konnte.
Es verstößt gegen das Gestaltgesetz der "guten Fortsetzung" und des "glatten Verlaufs", wenn der Leiter der Organisationsabteilung beim Vorstand Regelungen durchzusetzen versucht, denen die betroffenen Abteilungs- und Betriebsleiter nicht zustimmen. Da der Vorstand gegen deren Widerstand nur selten organisatorische Änderungen beschließt, muß die Organisationsabteilung in solchen Fällen neue Vorschläge erarbeiten und mit den Beteiligten einvernehmliche Lösungen finden; denn sonst besteht die Gefahr, daß man in der Organisationsabteilung monatelang an der Gestaltung von Sollzuständen arbeitet, die wegen des Widerstandes der Betroffenen nicht realisiert werden. Dies ist für das Unternehmen unwirtschaftlich und für den Organisator, der die Arbeit geleistet hat, enttäuschend; denn auch er braucht das Erfolgserlebnis, um die Freude an seiner Tätigkeit und die Leistungs-

motivation nicht zu verlieren.

Aus den obengenannten Gründen ist es sinnvoll, den Leiter der Organisationsabteilung nur einem einzigen Vorstandsmitglied direkt zu unterstellen.

cb 2) Revisionsabteilung

Man unterscheidet zwischen der Außen- und Innenrevision. Während die Außenrevision auf Grund gesetzlicher Vorschriften (zum Beispiel Prüfung des Jahresabschlusses bei Aktiengesellschaften, §§ 162 ff. AktG; Prüfung des Konzernabschlusses, § 336 AktG; Prüfung des Jahresabschlusses bei Gesellschaften mit beschränkter Haftung, § 42 a GmbHG) oder auch auf Wunsch der Kapitaleigner vom Wirtschaftsprüfer vorgenommen wird, obliegt die Durchführung der Innenrevision der eigenen Revisionsabteilung des Unternehmens.[219] Zu ihren Aufgaben gehören beispielsweise Lohn- und Gehaltsprüfungen, Kassenprüfungen (Haupt- und Nebenkassen), Lagerbestandsprüfungen, Versandprüfungen, Rechnungsprüfungen (Eingangsrechnungen), Prüfung der Forderungen und Verbindlichkeiten, der Reisekostenabrechnungen, der Geburtsbeihilfen oder Beihilfen in Krankheitsfällen, der Werksrenten und -pensionen oder die Prüfung der Abrechnung von Tagelohn- und Festpreisarbeiten, die von fremden Firmen auf dem Werksgelände des Unternehmens durchgeführt werden (Baurevision), ferner Sonderprüfungen.
Außerdem hat die Revisionsabteilung die Aufgabe, den Wirtschaftsprüfer bei vorbereitenden Arbeiten zum

---

219) Vgl. Wöhe, G., "Einführung in die Allgemeine Betriebswirtschaftslehre", 10. Auflage, Berlin und Frankfurt 1971, S. 116
Vgl. auch Arbeitskreis Krähe der Schmalenbach-Gesellschaft, a.a.O., S. 125

Jahresabschluß zu unterstützen sowie Geschäftsführung oder Vorstand und die Fach- und Stabsabteilungen des Unternehmens zu beraten. Dabei kann es sich um Fragen der Finanzpolitik, steuerliche Fragen, Investitionsfragen, Konzern- und Beteiligungsfragen oder die Vorbereitung des Einsatzes elektronischer Datenverarbeitungsanlagen handeln.[220)]

Im Gegensatz zur Kontrolle, die laufend durchgeführt wird, um Fehler möglichst zu vermeiden, erfolgt die Revision stichprobenweise (sporadisch) bei abgeschlossenen Arbeitsvorgängen, zum Beispiel die Prüfung der Lohnabrechnung der Formstückgießerei des Monats April 1979 oder die Prüfung des Versandes (LKW-, Bundesbahn-, Schiffsversand) von Grob- und Mittelblechen des Monats August 1980.

Die Revisionsabteilung hat zum einen die Aufgabe, die "Zuverlässigkeit, Ordnungsmäßigkeit und Richtigkeit des im Rechnungswesen festgehaltenen Zahlenmaterials" zu prüfen und zu beurteilen,[221)] zum anderen durch Prüfung der Organisationsstrukturen festzustellen, ob diese zweckmäßig sind und es der Unternehmung ermöglichen, sich den innerbetrieblichen und den Umweltbedingungen anzupassen.[222)] Man bezeichnet die letztgenannte Prüfung als Systemrevision.

Wie schon erwähnt wurde, hat die Revisionsabteilung in der Regel nicht das Recht, Entscheidungen zu treffen, sondern nur entscheidungsvorbereitende Aufgaben.

---

220) Vgl. Korndörfer, W., "Allgemeine Betriebswirtschaftslehre - Aufbau - Ablauf - Führung und Leitung", 2. Aufl., Wiesbaden 1972, S. 387

221) Ebenda, S. 386

222) Vgl. ebenda, S. 387

Sie legt die durch die Prüfung gewonnenen Informationen, Erkenntnisse und eigenen Vorschläge im Revisionsbericht nieder und leitet ihn zur Entscheidung an die Geschäftsführung weiter.

Bereits das Vorhandensein einer unternehmenseigenen Revisionsabteilung hat prophylaktische Wirkung; denn die Mitarbeiter des Unternehmens können damit rechnen, daß Unregelmäßigkeiten aufgedeckt und fehlerhafte Organisationsstrukturen erkannt werden.

In kleineren und mittleren Unternehmen, die sich aus Kostengründen keine eigene Revisionsabteilung leisten können, werden die Aufgaben der Innenrevision von der Geschäftsführung oder auch von einem Mitarbeiter wahrgenommen, der dieser direkt unterstellt ist.

Großunternehmen verfügen über eine eigene Revisionsabteilung, es sei denn, es handelt sich um eine Tochtergesellschaft, bei der die Aufgaben der Innenrevision von der Konzernrevision der Muttergesellschaft übernommen werden.

Im folgenden gehen wir von Großunternehmen (Aktiengesellschaften) mit eigener Revisionsabteilung aus. Ihr Leiter untersteht zumeist unmittelbar dem für das Rechnungs- und Finanzwesen zuständigen Vorstandsmitglied. Dieses Unterstellungsverhältnis dürfte zweckmäßig sein, weil die Tätigkeit der Revisionsabteilung in diesem Bereich ihren Schwerpunkt hat.

Man trifft auch Großunternehmen an, in denen der Leiter der Revisionsabteilung dem gesamten Vorstand direkt untersteht, der Revisionsplan jährlich von diesem aufgestellt wird und durch Revisionen ermittelte Fehler und Unregelmäßigkeiten dem zuständigen

Vorstandsmitglied des betroffenen Bereichs zur Kenntnis gebracht werden, so daß dieser die notwendigen Entscheidungen trifft. Gegen eine solche Regelung dürften keine Einwände bestehen.

Es gibt aber auch Unternehmen, in denen der Leiter der Revisionsabteilung direkt dem Vorstandsvorsitzenden unterstellt ist. Dies entspricht zwar dem Grundsatz, daß die Innenrevision eine "größtmögliche U n a b h ä n g i g k e i t gegenüber allen anderen Unternehmensbereichen" besitzen muß,[223)] kann aber wegen unterschiedlicher Auffassungen vor allem mit dem Vorstandsmitglied des Rechnungs- und Finanzwesens zu Konflikten führen.

Obgleich nach dem Aktiengesetz die kollegiale Leitung (Geschäftsführung) in Aktiengesellschaften vorgeschrieben ist und der Vorstandsvorsitzende oder mehrere Vorstandsmitglieder bei Meinungsverschiedenheiten nicht gegen die Mehrheit der Mitglieder des Vorstandes entscheiden können (§ 77 Abs. 1 AktG), hat der Vorstandsvorsitzende in der Regel eine starke Stellung im Unternehmen. Dies ergibt sich zum Beispiel aus dem "Gestaltgesetz der Nähe", das heißt aus seinen engen Kontakten zum Aufsichtsratsvorsitzenden und den Hauptaktionären des Unternehmens oder den Vertretern der Banken, die das Depotstimmrecht wahrnehmen. In der Praxis wird dieser Zusammenhang bestätigt; denn sonst hätte ein Vorstandsvorsitzender kaum die Macht, im Aufsichtsrat zu bewirken, daß gleich mehrere Vorstandsmitglieder das Unternehmen verlassen müssen, wie es zuweilen geschieht und in der Tagespresse zu lesen ist. Man spricht dann von einer Trennung im "beiderseitigen Einvernehmen".

---

223) Ebenda, S. 386

Es kann nicht ausgeschlossen werden, daß ein autoritär (autokratisch) führender Vorstandsvorsitzender die Revisionsabteilung dazu anhält, nicht nur die Tätigkeit in den Unternehmensbereichen, sondern auch die der Vorstandsmitglieder zu überwachen. Dies hätte zwangsläufig schwere Konflikte der Vorstandsmitglieder mit dem Vorstandsvorsitzenden und dem Leiter der Revisionsabteilung zur Folge.

Überwachung ist eine Führungsfunktion, die allen Vorstandsmitgliedern gemeinschaftlich zukommt und vom Vorstand zum Beispiel an die Revisionsabteilung delegiert wird. Die Überwachung der Geschäftsführung der Vorstandsmitglieder obliegt gemäß § 111 Abs. 1 Aktiengesetz eindeutig dem Aufsichtsrat.

Nach dem "Gestaltgesetz der Gleichartigkeit" dürfte der Leiter der Revisionsabteilung nicht dem Vorstandsvorsitzenden unterstellt werden; denn sonst könnte im Unternehmen der Eindruck entstehen, daß der Leiter dieser Abteilung auf der gleichen hierarchischen Ebene stünde und ähnliche Machtbefugnisse hätte wie die übrigen Vorstandsmitglieder, ohne selbst Vorstandsmitglied zu sein. Gegen ein solches Unterstellungsverhältnis spricht auch das Gestaltgesetz der "guten Fortsetzung", das für die Zusammenarbeit und das Arbeitsklima in Kollegialorganen, etwa im Vorstand, von besonderer Bedeutung ist.

Ein weiteres kritisches Unterstellungsverhältnis liegt vor, wenn der Leiter der Revisionsabteilung dem Hauptabteilungsleiter der Allgemeinen Verwaltung unterstellt ist, wie es in Großunternehmen manchmal vorkommt. Nach den Gestaltgesetzen der "Geschlossenheit" und des "gemeinsamen Schicksals oder des übereinstimmenden Verhaltens" kann davon ausgegangen werden, daß die dem Vorstand direkt unterstellten Hauptabteilungsleiter und Betriebsleiter trotz häufiger Meinungsverschiedenheiten einen festen Zusammenhalt bilden, wenn es sich um Differenzen mit dem Leiter der Revisionsabteilung handelt. Hier ist eine psychodynamische Gruppenbildung mit aversiven Verhaltenstendenzen gegen den Leiter der Revisionsabteilung vorprogrammiert.[224] Diese Geschlossenheit der dem Vorstand direkt unterstellten Führungskräfte ermöglicht es, daß sich der von einer Revision betroffene Hauptabteilungs- oder Betriebsleiter vertraulich an seinen Kollegen - den Hauptabteilungsleiter der Allgemeinen Verwaltung - wendet und ihn bittet, auf den Leiter der Revisionsabteilung einzuwirken, damit ein negatives Prüfungsergebnis nicht an die "große Glocke gehängt" wird und relativiert im Prüfungsbericht erscheint. Kommt der Leiter der Revisionsabteilung solchen Bitten nach, entsteht eine betriebsschädliche Gruppensolidarität.

In einem Großunternehmen, in dem der Leiter der Revisionsabteilung dem Hauptabteilungsleiter der Allgemeinen Verwaltung unterstand, konnte zum Beispiel festgestellt werden, daß der Kassierer regelmäßig einige Tage vor der Prüfung der Hauptkasse telefonisch vom Leiter der Revisionsabteilung befragt wurde, ob ihm der Prüfungstermin recht sei; ferner wurde zum Beispiel ermittelt, daß sich ein Betriebsleiter ohne Genehmigung des Vorstandes auf dem Werksgelände eine Garage für seinen Personenkraftwagen gebaut hat. Dieser Tatbestand erschien nicht im Revisionsbericht. Solches oder ähnliches Verhalten kann dem Unternehmen unter Umständen großen Schaden zufügen. Hinzu

---

224) Siehe hierzu Feger, H., "Gruppensolidarität und Konflikt", in: Handbuch der Psychologie, Bd. 7/2, Göttingen 1972, S. 1631 f.

kommt, daß der prüfende Revisor seine Arbeitsmoral verlieren dürfte und zum "Häkchenmacher" wird, wenn er Unregelmäßigkeiten einfacher Mitarbeiter im Revisionsbericht darzustellen hat, die Fehlentscheidungen und -handlungen von Führungskräften aber verschweigen oder relativieren muß.

Eine dem Revisor von seinem Vorgesetzten aufgezwungene ungleiche Behandlung der Führungskräfte einerseits und der Mitarbeiter andererseits läßt bei diesen das Gefühl aufkommen, daß die Revisionen unsachlich und ungerecht erfolgen, was zur Arbeitsunzufriedenheit der Mitarbeiter führt und die in der Regel bereits vorhandene Abneigung gegen die im Unternehmen tätigen Innenrevisoren noch verstärkt.

3. Stellvertretung

Die Stellvertretung ist eine der wichtigsten Organisations- und Führungsaufgaben im Unternehmen. Sie sollte deshalb nicht improvisiert, sondern organisatorisch geregelt werden.[225] Es ist die Aufgabe der Unternehmensführung, dafür zu sorgen, daß bei Abwesenheit oder Ausfall eines Stelleninhabers der Arbeitsablauf kontinuierlich fortgeführt wird.[226] Dies kann durch einen Ersatzmann geschehen, der die Arbeit des Stelleninhabers ohne vorherige Kontaktaufnahme übernimmt, etwa durch einen Mitarbeiter, der seinen erkrankten Kollegen am Fließband vertritt.[227]

---

225) Vgl. Hennig, K.W., "Betriebswirtschaftliche Organisationslehre", 5. Aufl., Wiesbaden 1971, S. 104 f.

226) Vgl. Höhn, R. und Böhme, G., "Führungsbrevier der Wirtschaft", a.a.O., S. 255

227) Vgl. ebenda, S. 276 f.

In anderen Vertretungsfällen ist es möglich, einen Platzhalter zu bestimmen, zum Beispiel die Sekretärin oder den Assistenten des Vorgesetzten, der die Verbindung mit dem abwesenden Stelleninhaber aufrechterhält und darüber entscheidet, ob eine geschäftliche Angelegenheit so wichtig ist, daß sie dem abwesenden Stelleninhaber zur Kenntnis gebracht werden muß, ob sie bis zu seiner Rückkehr aufgeschoben werden kann oder aber einer anderen Stelle des Unternehmens zur Entscheidung vorzulegen ist.[228)]
Darüber hinaus besteht die Möglichkeit, eine Stellvertretung einzurichten.

a) Wesen und Formen der Stellvertretung

Der Stellvertreter handelt in eigener Verantwortung im Namen, Sinn und Geist des Vertretenen.[229)] Deshalb müssen Stelleninhaber und Stellvertreter zueinander passen und ein "gutes Gespann" bilden.[230)] Dies setzt voraus, daß dem Stelleninhaber das Recht eingeräumt wird, seinen Stellvertreter vorzuschlagen oder sich für einen der ihm vorgeschlagenen zu entscheiden, wobei aber zu beachten ist, daß manche Stelleninhaber keinen qualifizierten Stellvertreter wünschen, weil sie sich durch ihn in ihrer Position bedroht fühlen.[231)]

Über die Formen der Stellvertretung bestehen in der Literatur unterschiedliche Auffassungen. Während zum

---

228) Vgl. ebenda, S. 278

229) Vgl. ebenda, S. 256

230) Vgl. ebenda

231) Vgl. ebenda, S. 257

Beispiel G u t e n b e r g [232], K o s i o l [233], U l r i c h und B e r n h a r d [234] die Stellvertretung im Ressortbereich nur als zusätzliche Aufgabe, nicht auch als hauptamtliche Tätigkeit ansehen, unterscheiden H ö h n und B ö h m e zwischen der haupt- und nebenamtlichen Stellvertretung.[235] Wir wollen uns der letztgenannten Auffassung anschließen, da in den Ressorts von Großunternehmen der hauptamtliche Stellvertreter des öfteren vorkommt, zum Beispiel Stellvertreter des Leiters der Hauptabteilung Absatzwirtschaft, der Hauptabteilung Rechnungs- und Finanzwesen, der Hauptabteilung Personalwesen oder der Hauptbetriebe wie Hochofenbetriebe, Stahlwerke oder Walzwerke.

H ö h n nennt als Grund für die Bestellung eines hauptamtlichen Stellvertreters zunächst die "Sorge um die Kontinuität der Führung" und äußert sich wie folgt:

"Für ein Unternehmen kann es außerordentlich wichtig sein, daß bei Ausfall einer leitenden Kraft die Arbeit in derselben Form ohne die geringste Störung weiter abgewickelt wird. Insofern bedeutet die Bestellung

---

232) Vgl. Gutenberg, E., "Unternehmensführung", Organisation und Entscheidungen, Wiesbaden 1962, S. 50 f.

233) Vgl. Kosiol, E., a.a.O., S. 97

234) Vgl. "Organisationsbrevier", Institut für Betriebswirtschaft an der Handels-Hochschule St. Gallen, 4. Aufl., Bern, Köln und Opladen 1965, S. 20

235) Vgl. Höhn, R. und Böhme, G., "Führungsbrevier der Wirtschaft", a.a.O., S. 258 ff. und 260 ff.

eines hauptamtlichen Stellvertreters, der ständig an dem Gesamtgeschehen teilnimmt, die anfallenden Probleme bis ins einzelne kennt und genauestens über die Firmenpolitik informiert ist, eine gute Versicherung für die Kontinuität der Führung und den ungestörten Arbeitsablauf. Mit den Kosten für den Stellvertreter bezahlt das Unternehmen die Versicherungsprämie für diese Garantie."[236)]

Der obengenannte Autor nennt als weitere Gründe für die Bestellung eines hauptamtlichen Stellvertreters die Förderung sachgerechter Entscheidungen durch Beratung des Stelleninhabers, die Entlastung von Vorgesetzten, die Vorsorge für die Nachfolge und die Notwendigkeit ständiger Anwesenheit einer verantwortlichen Person sowie die Stellvertretung aus Sicherheitsgründen, etwa im Bergbau die ständige hauptamtliche Stellvertretung des Betriebsführers durch den Obersteiger, wozu dieser von der Bergbehörde verpflichtet ist.[237)]

Die Stellvertretung erfolgt aber häufig nebenamtlich, weil das Unternehmen schon aus Kostengründen nicht ausschließlich mit hauptamtlichen Stellvertretern arbeiten kann.[238)] Das ist vor allem auf der Vorstandsebene und auf der Ebene der Hauptabteilungs- und Abteilungsleiter der Fall. Auch hier muß der Vertreter im Namen und Sinne des Stelleninhabers handeln, jedoch nur bei dessen Abwesenheit.[239)]

---

236) Höhn, R., "Die Stellvertretung im Betrieb", 3. Aufl., Bad Harzburg 1971, S. 53 f.

237) Vgl. ebenda, S. 54-61

238) Vgl. ebenda, S. 68

239) Vgl. ebenda

Die nebenamtliche Stellvertretung kann durch einen Kollegen, einen bewährten Mitarbeiter, den Vorgesetzten oder mehrere Mitarbeiter (geteilte Stellvertretung) wahrgenommen werden.[240]

Des weiteren unterscheidet man zwischen der echten Stellvertretung, die den gesamten Funktions- und Kompetenzbereich des Stelleninhabers umfaßt, und der begrenzten Stellvertretung, bei der bestimmte Aufgaben mit den dazugehörigen Kompetenzen von der Stellvertretung ausgenommen sind, zum Beispiel die Einstellung und Entlassung von Mitarbeitern.[241]

Außerdem sollen noch die fallweise Stellvertretung, ferner die aktive und passive Stellvertretung erwähnt werden, das heißt, welche Stelle der Stelleninhaber vertritt und von welcher er vertreten wird.[242]

b) Psychologische Probleme bei der Stellvertretung der Vorstandsmitglieder

In Aktiengesellschaften werden des öfteren stellvertretende Mitglieder in den Vorstand berufen, die nicht nur bei Abwesenheit eines ordentlichen Mitgliedes die Stellvertretung wahrnehmen, sondern in der Regel auch ein eigenes Ressort haben.[243] Dies kann vorliegen, wenn ein ordentliches Vorstandsmitglied ausscheidet oder der Geschäftsumfang des Unternehmens

---

240) Vgl. Höhn, R. und Böhme, G., "Führungsbrevier der Wirtschaft", a.a.O., S. 260 ff.

241) Vgl. Höhn, R., "Die Stellvertretung im Betrieb", a.a.O., S. 33 und 112 f.

242) Vgl. Höhn, R., "Stellenbeschreibung - aber richtig", a.a.O., S. 124 f. und 128 f.

243) Vgl. Gutenberg, E., a.a.O., S. 50

so groß wird, daß man zum Beispiel den kaufmännischen Vorstandsbereich schwerpunktmäßig in die Bereiche "Absatz- und Materialwirtschaft" und "Rechnungs- und Finanzwesen" aufteilt und das stellvertretende Vorstandsmitglied mit der Führung eines dieser Bereiche betraut.

Die Ernennung zum stellvertretenden Vorstandsmitglied dürfte eine Vorsichtsmaßnahme sein, um dessen Verhalten in der höherwertigen Funktion beobachten zu können[244)] und ihm die Möglichkeit zu geben, in die neue Führungsposition organisch hineinzuwachsen.[245)] Bei Bewährung wird das stellvertretende Vorstandsmitglied nach angemessener Zeit zum ordentlichen Mitglied des Vorstandes ernannt.

Das Vorstandsmitglied wird bei längerer Abwesenheit, zum Beispiel während des Urlaubs, zumeist von einem Vorstandskollegen vertreten, also nebenamtlich.

Bei kürzerer Abwesenheit kann die Stellvertretung auch geteilt erfolgen, das heißt das Vorstandsmitglied wird von seinen ihm direkt unterstellten Mitarbeitern jeweils für deren Delegationsbereich vertreten, zum Beispiel im kaufmännischen Bereich durch die Hauptabteilungsleiter "Absatzwirtschaft", "Materialwirtschaft", "Rechnungs- und Finanzwesen", "Allgemeine Verwaltung", "Zentrale Datenverarbeitung". Müssen jedoch bei der letztgenannten geteilten Stellvertretung Entscheidungen getroffen werden, die sich der Vorstand insgesamt

---

244) Vgl. hierzu Franke, J., "Psychologie als Hilfsmittel einer personenorientierten Unternehmensführung", Herne und Berlin 1976, S. 180

245) Vgl. hierzu Bornemann, E., a.a.O., S. 80

vorbehalten hat, sind die jeweiligen Hauptabteilungsleiter verpflichtet, diesen Sachverhalt dem Vorstand mitzuteilen, so daß darüber in einer Vorstandssitzung entschieden wird.

Die Stellvertretung eines Vorstandsmitgliedes durch seinen Assistenten[246)] dürfte in Großunternehmen nicht anzutreffen sein; denn die Assistenten der Vorstandsmitglieder sind in der Regel jüngere Nachwuchskräfte, die die Qualifikation für die Leitung einer Abteilung oder eines Unternehmensbereichs erst erwerben müssen, denen ihre Position dafür jedoch ein gutes Sprungbrett bietet.

Die Leiter von Stabsabteilungen sollte man nicht mit der Stellvertretung eines Vorstandsmitgliedes betrauen, weil sonst vielfältige und auch komplexe Konflikte für die Zeit nach der Stellvertretung programmiert werden. So könnten sie vielleicht unter Zeitdruck Entscheidungen treffen, die sie später in ihrer Eigenschaft als Leiter der Stabsabteilung (etwa Innenrevision oder Organisation) beanstanden müßten. Hinzu kommt, daß die Leiter von Stabsabteilungen ihre Neutralität und Unabhängigkeit verlören, weil sie gezwungen wären, den anwesenden Vorstandsmitgliedern gegenüber die Ressortinteressen des zu vertretenden Vorstandsmitgliedes zu wahren. Das würde aber die weitere Zusammenarbeit mit den anderen Vorstandsmitgliedern erschweren. Außerdem bestünde die Gefahr, daß die mit der Amtsautorität verbundene Macht den Leiter der Stabsabteilung dazu veranlassen könnte, im zu vertretenden Vorstandsbereich nicht nur durch Fachautorität zu überzeugen und Entscheidungen in Übereinstimmung mit den Führungskräften zu treffen,

---

246) Siehe hierzu Schwarz, H., "Betriebsorganisation als Führungsaufgabe", a.a.O., S. 114

sondern seine Auffassung auch auf dem Anordnungswege durchzusetzen. Dies kann sich nach Beendigung der Stellvertretung eines Vorstandsmitgliedes in dessen Ressort so auswirken, daß die Empfehlungen des Leiters der Stabsabteilung als Anordnungen empfunden werden und die Führungskräfte es für ratsam halten, ihnen zu folgen, weil durch die Gestaltgesetze der "Nähe" und der "Geschlossenheit" der Zusammenhalt zwischen dem Vorstandsmitglied und seinem Stellvertreter wahrgenommen und erlebt wurde. Bei Fehlentscheidungen tragen jedoch die Führungskräfte der Linie die Verantwortung, nicht der Leiter der Stabsabteilung, der nach Beendigung der Stellvertretung kein Anordnungsrecht mehr besitzt. Um solche Konflikte zu vermeiden, ist es zweckmäßig, den Leiter einer Stabsabteilung nicht mit der Stellvertretung eines Vorstandsmitgliedes zu betrauen.

Die wohl am häufigsten anzutreffende Regelung der gegenseitigen Stellvertretung von Vorstandsmitgliedern entspricht dem "Gestaltgesetz der Gleichartigkeit" und dürfte auch ein Statussymbol sein. Dies erklärt sich unter anderem aus der großen Entscheidungs- und Machtbefugnis eines Vorstandsmitgliedes und seinen hohen finanziellen Bezügen und sonstigen materiellen Vergünstigungen. Hier soll nur sein Jahreseinkommen erwähnt werden, das in Großunternehmen ein Mehr- oder gar Vielfaches dessen beträgt, was ein Hauptabteilungsleiter oder Leiter einer dem Vorstand unterstellten Stabsabteilung erhält.

Die Konflikte bei der gegenseitigen Stellvertretung von Vorstandsmitgliedern dürften oft darin begründet sein, daß der Stellvertreter bei Abwesenheit des zu Vertretenden nicht in dessen Sinn und Geist handelt. Im Jahre 1965 löste beispielsweise der Vorstand eines

Großunternehmens der Stahlindustrie eine große Stabsabteilung, die dem abwesenden Vorstandsmitglied unterstand, ohne dessen Wissen auf, entließ den Leiter und versetzte die Mitarbeiter in die Muttergesellschaft oder in Tochtergesellschaften. Das betroffene Vorstandsmitglied erlitt nach seiner Rückkehr aus dem Urlaub einen Herzinfarkt, an dem es nach kurzer Zeit starb.

Solche Verhaltensweisen führen nicht nur zu gegenseitigem Mißtrauen und zu erheblichen Spannungen zwischen den Vorstandsmitgliedern, sondern haben als Signalwirkungen vor allem bei den mittleren und unteren Führungskräften quälende Angst zur Folge, weil sie nicht sicher sein können, daß während ihres Urlaubs oder einer längeren Abwesenheit in ihrem Delegationsbereich vom Stellvertreter Entscheidungen getroffen oder beim nächsthöheren Vorgesetzten ausgelöst werden, die unter Umständen sogar ihre eigene Stellung gefährden. Bei den zu vertretenden Führungskräften wird der subjektive Eindruck einer Bedrohung oder Gefährdung erweckt (subjektive Wirklichkeit), auch wenn dies in der objektiven Wirklichkeit nicht zutrifft.[247)] Die Ursache der Angst liegt demnach in der "Antizipation künftiger Gefährdung der eigenen Person".[248)] Dadurch wird die Führungskraft bei ihren Entscheidungen verunsichert, zumal diese immer das Risiko von Fehlentscheidungen in sich bergen.[249)]

Es besteht auch ein Zusammenhang zwischen der Angst und der Motivation zur Leistung.[250)] F r ö h l i c h

---

247) Vgl. Rohracher, H., "Einführung in die Psychologie", a.a.O., S. 466

Vgl. hierzu Schade, B., "Umwelt und Gesundheit", in: Gesundheitslernen - Aufgabe für jeden, Bielefeld 1984, S. 75

248) Berkel, K., "Konflikte und Konfliktverhalten", in: Organisationspsychologie, Hrsg. A. Mayer, Stuttgart 1978, S. 311

249) Vgl. ebenda

250) Vgl. Fröhlich, W.D., "Angst und Furcht", in: Handbuch der Psychologie, Band 2, Göttingen 1965, S. 546

hat nachgewiesen, daß sich Menschen in Angstsituationen für Lösungen mittlerer Schwierigkeit entscheiden.[251] Das kann bei Führungskräften eine Verringerung der Risikobereitschaft bedeuten, neue Ideen zu verwirklichen, weil die vertrauten Routineentscheidungen sicherer sind und überdies dem "Gestaltgesetz der Erfahrung" entsprechen. Ein solches Verhalten von Führungskräften dürfte aber kaum geeignet sein, den Bestand des Unternehmens in einer Wettbewerbswirtschaft zu sichern.
Von Rosenstiel hebt hervor, daß leistungsbehindernde Ängste stark verbreitet sind.[252]

Wir sehen also, welche negativen Auswirkungen im Unternehmen entstehen können, wenn bereits Vorstandsmitglieder bei der gegenseitigen Stellvertretung nicht im Sinn und Geist des zu vertretenden Kollegen handeln. Es dient sowohl der Humanisierung der Arbeit als auch dem Streben nach Erhöhung des Unternehmenserfolges, grundlegende organisatorische Änderungen während der Abwesenheit eines Stelleninhabers zu untersagen. Dies entspricht dem Gestaltgesetz der "guten Fortsetzung".

c) Psychologische Probleme bei der Stellvertretung der Hauptabteilungs- und Abteilungsleiter

Die oben dargestellten Ängste, deren Ursache darin liegt, daß der Stellvertreter nicht im Sinn und Geist

251) Vgl. ebenda

252) Vgl. von Rosenstiel, L., "Grundlagen der Organisationspsychologie", a.a.O., S. 113

des Vertretenen handelt, können von den Hauptabteilungs- und Abteilungsleitern sowohl bei der hauptamtlichen als auch nebenamtlichen Stellvertretung erlebt werden.

Wie schon erwähnt wurde, müssen Stelleninhaber und Stellvertreter zueinander passen und ein "gutes Gespann" bilden.[253] In der Praxis ist dies bei der hauptamtlichen Stellvertretung nicht immer der Fall, weil der Stelleninhaber auf die Auswahl seines Stellvertreters keinen Einfluß hat. Einer der häufigsten Gründe dafür dürfte in den persönlichen Verbindungen der Vorstandsmitglieder liegen, etwa zu Verwandten, zu Aufsichtsratsmitgliedern, Kapitaleignern, maßgebenden Persönlichkeiten in Verbänden oder zu Vorstandsmitgliedern befreundeter Unternehmen. Es kommt auch des öfteren vor, daß Vorstandsmitglieder der Muttergesellschaft ihren Einfluß geltend machen.

Wenn man auf solche Weise den hauptamtlichen Stellvertreter einsetzt, der nicht nur bei Abwesenheit des Stelleninhabers tätig wird, hat der Stelleninhaber einen schweren Stand. Er fühlt sich geringschätzend behandelt und herabgesetzt und glaubt, daß der Vorstand mit seiner Leistung nicht zufrieden sei. Zudem fürchtet er die informellen Beziehungen des Stellvertreters und sieht in ihm einen "Spion", der ihn ständig überwacht und eventuelle Fehlleistungen dem zuständigen Vorstandsmitglied oder anderen einflußreichen Persönlichkeiten über informelle Kanäle meldet. Widersetzt sich der Stelleninhaber der Einstellung des Stellvertreters, kann er damit rechnen, daß man sein Aufgabengebiet teilt oder ihm das Ausscheiden nahelegt.

---

253) Vgl. Höhn, R. und Böhme, G., "Führungsbrevier der Wirtschaft", a.a.O., S. 256

Während ein jüngerer Hauptabteilungsleiter vielleicht in einem Konkurrenzunternehmen eine gleichwertige Stelle findet, bleibt dem älteren Stelleninhaber in der Regel keine Möglichkeit, die Ernennung des ihm aufgezwungenen Stellvertreters abzuwehren. Nun kann es künftig zwischen den beiden Letztgenannten doch zu einer guten Zusammenarbeit kommen, wenn es sich nicht um sehr unterschiedliche Charaktere handelt und es dem Stelleninhaber gelingt, sein Mißtrauen zu überwinden und seiner Antipathie Herr zu werden.[254)]

Interpersonelle Konflikte entstehen jedoch zwangsläufig, wenn sich Stelleninhaber und Stellvertreter völlig wesensfremd sind. Es ist auch von Bedeutung, ob der Stelleninhaber bereits in einigen Jahren die Pensionsgrenze erreichen wird oder vielleicht noch 10 Jahre lang seinen Dienst verrichten muß. Im ersten Fall dürfte die Enttäuschung in der Regel zur Resignation und zu angepaßtem Verhalten führen, um die Pensionierung möglichst unbeschadet zu erleben, wobei der Stelleninhaber jedoch seine langjährigen Erfahrungen kaum an den Stellvertreter weitergibt. In einer solchen Situation wird der Stelleninhaber häufig wie ein in den (Vor-) Ruhestand versetzter Kollege Gefühle der Wert- und Nutzlosigkeit erleben, die sein Selbstwertgefühl erschüttern und zu psychosomatischen Erkrankungen führen können.[254a)]

Wenn der Stelleninhaber aber noch viele Jahre bis zu seiner Pensionierung tätig sein muß, wird er möglicherweise versuchen, die Position des Stellvertreters zu schwächen. Dies könnte geschehen, indem er ihm wichtige formelle und informelle Informationen vorenthielte und ihn bei seinen Kollegen und Mitarbeitern

---

254) Siehe hierzu Baltasar, Gracián, "Handorakel und Kunst der Weltklugheit", Deutsch von Arthur Schopenhauer, Stuttgart 1973, S. 20

254a) Vgl. Klehm, W.R., "Mit 50 'freigesetzt' - wozu?", Die Zeitung ZWAR, Zwischen Arbeit und Ruhestand, Heft 2, Dortmund 1984, S. 5
Vgl. hierzu auch Veelken, L., "Gesundheit im Alter - Aufgaben für Ältere", in: Gesundheitslernen - Aufgabe für jeden, Bielefeld 1984, S. 40

herabsetzte. Sollte diese Verhaltensweise erfolglos sein und sich der Stellvertreter trotz allem behaupten, bliebe dem Stelleninhaber nur die Möglichkeit, sich mit dem Stellvertreter abzufinden. Allerdings wird das Gefühl der Bedrohung oder Gefährdung der eigenen Stellung den Stelleninhaber veranlassen, einen großen Teil seiner Arbeitszeit und Energie für die Abwehr von tatsächlichen oder vermeintlichen Angriffen und Intrigen einzusetzen, was dem Unternehmen Schaden zufügt. Um dem vorzubeugen und dem Stelleninhaber das Gefühl der Bedrohung zu nehmen, sollte der hauptamtliche Stellvertreter nicht gegen den Willen des Stelleninhabers ernannt werden. Außerdem dürfte es im Hinblick auf eine gute Zusammenarbeit zwischen beiden sinnvoll sein, im Dienstvertrag des Stellvertreters zu vermerken, daß er keinen Anspruch auf die Nachfolge des Stelleninhabers hat, damit der Stellvertreter nicht in Versuchung gerät, das Ausscheiden des Stelleninhabers zu beschleunigen und dieser dem Stellvertreter sein Wissen und seine Erfahrung zum Wohle des Unternehmens zur Verfügung stellt.[255)]

Vor der Ernennung eines hauptamtlichen Stellvertreters ist zu prüfen, ob der Bewerber die notwendigen fachlichen und Führungsqualitäten besitzt, damit eine dauernde Überforderung vermieden wird; denn diese führt zur Frustration und Resignation.[256)]

Bei der nebenamtlichen Stellvertretung der Hauptabteilungsleiter dürften Konflikte seltener entstehen, wenn sich die Hauptabteilungsleiter gegenseitig ver-

---

255) Vgl. Höhn, R. und Böhme, G., "Führungsbrevier der Wirtschaft", a.a.O., S. 274 f.

256) Vgl. hierzu Bräuer, K., "Betriebspsychologie...", a.a.O., S. 40

treten. Dies entspricht den Gestaltgesetzen der "Gleichartigkeit", der "Geschlossenheit", des "gemeinsamen Schicksals" oder des "übereinstimmenden Verhaltens". Außerdem muß der jeweilige Stellvertreter damit rechnen, daß unkollegiales Verhalten erwidert wird. Das gleiche gilt für die gegenseitige Stellvertretung von Abteilungsleitern.

Erfolgt die Stellvertretung aber durch einen Mitarbeiter des Stelleninhabers, treten häufig Konflikte auf, zum Beispiel bei der Stellvertretung des Hauptabteilungsleiters durch einen seiner Abteilungsleiter oder des Abteilungsleiters durch einen Gruppenleiter.
Zunächst bedeutet die Stellvertretung des Vorgesetzten für den Vertreter eine Auszeichnung, um die er von seinen Kollegen vielleicht beneidet wird. Diese sind möglicherweise nicht bereit, seinen Anordnungen zu folgen, weil er als Kollege in ihren Augen nicht die notwendige Autorität besitzt.
Der Stellvertreter wird vielleicht nach Beendigung der Stellvertretung unzufrieden sein, da er nun nicht mehr das "Chefprestige" genießt und "nur" noch Mitarbeiter ist, während der Vorgesetzte die Befürchtung hegen kann, daß der Mitarbeiter durch die Stellvertretung überheblich wird und sich seinen Anordnungen nicht mehr wie früher fügt.[257)] Durch solche tatsächlichen oder angenommenen Verhaltensweisen entstehen Spannungen.

Abschließend kann festgestellt werden, daß eine für das Organisationsklima gedeihliche und für das Unter-

---

257) Vgl. Höhn, R. und Böhme, G., "Führungsbrevier der Wirtschaft", a.a.O., S. 262

nehmen erfolgreiche Stellvertretung mit der autoritären (autoritativen) Führung nicht zu vereinbaren ist.[258] Die erfolgreiche Stellvertretung setzt gegenseitiges Vertrauen, Kooperationsbereitschaft und Fairneß voraus.

d) Psychologische Probleme bei der Stellvertretung der Leiter von Stabsabteilungen

Die bereits behandelten psychologischen Probleme bei der Stellvertretung der Haupt- und Abteilungsleiter können auch bei der Stellvertretung der Leiter von Stabsabteilungen auftreten. Außerdem ist mit intra- und interpersonellen Schwierigkeiten zu rechnen, deren Ursache sowohl in der Spezialisierung als auch im Wesen der Stabsarbeit liegt.

Zunächst soll erörtert werden, ob die Stellvertretung des Leiters einer Stabsabteilung durch den Leiter einer Linienabteilung sinnvoll ist. Dies setzt voraus, daß der Leiter einer Linienabteilung die jeweils notwendige fachwissenschaftliche Vorbildung und Neigung besitzt; denn für die Leitung einer Rechts-, Organisations-, Revisions- oder Marktforschungsabteilung sowie des Psychologischen Dienstes sind einschlägige wissenschaftliche Spezialkenntnisse Voraussetzung. Darüber hinaus muß er die Technik der Stabsarbeit beherrschen und fähig sein, mit Überzeugung zu führen und seine Auffassung auch gegen die herrschende Meinung im Unternehmen zu vertreten.[259] Ferner ist es erforderlich,

258) Vgl. hierzu ebenda, S. 256

259) Vgl. Höhn, R., "Die Stellvertretung im Betrieb", a.a.O., S. 242

daß er schon vor dem Vertretungsfall ständig mit den wesentlichen Problemen des zu vertretenden Delegationsbereichs vertrautgemacht wird.[260] Diese Forderung dürfte jedoch in der Praxis wegen des großen Aufwandes an Zeit und Kraft kaum erfüllbar und mit dem Streben nach Wirtschaftlichkeit nicht zu vereinbaren sein.[261] Das gilt auch umgekehrt für die Stellvertretung des Leiters einer Linienabteilung durch den Leiter einer Stabsabteilung. Im übrigen fehlt diesen Führungskräften des öfteren das gegenseitige Verständnis für ihre Tätigkeit, weil sie nicht genügend Informationen über den Arbeitsbereich und die Arbeitsweise des anderen besitzen. Deshalb werden interpersonelle Konflikte ausgelöst. Dieser Mangel könnte durch Einrichten zeitlich begrenzter Projektgruppen gemildert werden, in denen auch Leiter von Linien- und Stabsabteilungen mitarbeiten, um komplexe Querschnittsaufgaben zu lösen und gemeinsam Entscheidungen zu treffen, etwa beim Übergang von der funktionalen auf die divisionale Organisationsform des Unternehmens. Wir verstehen derartige Projektgruppen aber nicht wie I r l e als Alternative zum Stabliniensystem, sondern als Ergänzung.[262]

Bei der gegenseitigen Stellvertretung der dem Vorstand direkt unterstellten Leiter von Stabsabteilungen (zum Beispiel Rechtsabteilung, Organisationsabteilung, Revisionsabteilung, Marktforschung, Psychologischer Dienst)

---

260) Vgl. ebenda, S. 243

261) Vgl. ebenda

262) Vgl. hierzu Irle, M., "Macht und Entscheidungen in Organisationen", Studie gegen das Linie-Stab-Prinzip, Frankfurt 1971, S. 218 ff.

ist darauf zu achten, daß der Stellvertreter nicht überfordert wird. Dies wäre zum Beispiel der Fall, wenn die Leiter der Rechtsabteilung, der Martforschung oder des Psychologischen Dienstes jeweils vom Leiter einer anderen Stabsabteilung vertreten würden. Die Überforderung entstünde, weil die soeben erwähnten Abteilungen mit der Lösung von Aufgaben betraut sind, die ein umfangreiches Spezialwissen und langjährige Erfahrungen voraussetzen. Durch Überforderung erlebt der Stellvertreter aber Enttäuschungen und das Gefühl des Versagens sowie eine Minderung seines Selbstwertgefühls.[263] Wie M i e r k e und seine Mitarbeiter in umfangreichen empirischen Feldforschungen (heuristisch, phänomenologisch und experimentell) nachweisen konnten, hat jede Überforderung, jede "Überschreitung einer Höchst- und Letztgrenze...der Leistungs-, Beanspruchungs- und Belastungsfähigkeit" das regelhafte Auftreten einer Aggressions-, Regressions- und Restitutionsphase zur Folge.[264]

S c h m i d t k e erklärt diese Phasen wie folgt:

"Immer dann, wenn der Mensch durch äußere Anforderungen an die Grenze seiner potentiellen Leistungsfähigkeit geführt wird und sich so ein Konflikt zwischen dem Leistungsanspruch und der adäquat realisierbaren Leistung entwickelt, treten als Initialsymptome der Überforderung aggressive Tendenzen in Erscheinung, die mehr und mehr das Leistungsverhalten bestimmen. Die Harmonie der Bewegungen und der mimischen Reaktionen geht verloren, es mehren sich überschießende Reaktionen und überhastete Fehllaufhandlungen. In

263) Vgl. hierzu Rohracher, H., a.a.O., S. 478

264) Mierke, K., "Wille und Leistung", Göttingen 1955, S. 134

der Sachleistung zeigen sich dadurch bemerkenswerte Leistungsschwankungen und eine wesentliche Zunahme der Arbeitsfehler, während im Verhalten zunehmend Symptome der affektiven Entladung hervortreten. Mit dem Zerfall persönlichkeitsspezifischer Gestaltungstendenzen geht ein ungesteuerter...Einsatz letzter Leistungsreserven einher".[265)]

Die Aggressionsphase ist in der Regel von kurzer Dauer und wird durch eine "Phase des Rückzuges und der Resignation" abgelöst, in der die Arbeitskurve steil abfällt, "während das allgemeine Verhalten durch Einschränkungen des Interesses und der sozialen Bezüge sowie durch Aufgabe von Wertbindungen gekennzeichnet ist."[266)] Diese Verhaltensweise hat den biologischen Sinn, eine "Zeitspanne der Sammlung und inneren Stabilisierung" zu schaffen, "in der die ungesteuerten Handlungsmotive der Aggressionsphase langsam abgebaut und damit die tieferen Schichten der Persönlichkeit vor schweren Störungen bewahrt werden".[267)]

In der Restitutionsphase erfolgt ein "Wiedereinschwingen des erschütterten Persönlichkeitsgefüges in die normale Schwankungsbreite" und eine Neuorientierung zu geordneter und langsam steigender Sachleistung.[268)] Wenn der Übergang in die Restitutionsphase mißlingt, sinkt der Betroffene "immer tiefer in Resignation und innere Bindungslosigkeit", so daß sich schwere Neurosen entwickeln können.[269)]

---

265) Schmidtke, H., "Die Ermüdung", Bern und Stuttgart 1965, S. 218

266) Ebenda, S. 219

267) Ebenda

268) Ebenda

269) Ebenda, S. 220

Unruhe, Unsicherheit und Depressionen sowie Aggressionen gegen Mitarbeiter können zur Folge haben, daß der Stellvertreter das Gefühl des Versagens "rationalisiert"[270] und sich aus Einsicht, daß er seiner Aufgabe nicht gewachsen ist, um den zu vertretenden Delegationsbereich nur wenig kümmert. Deshalb ist es zweckmäßig, bei der Stellvertretung der Leiter obengenannter Stabsabteilungen die hauptamtliche Stellvertretung oder die nebenamtliche durch einen erfahrenen Mitarbeiter vorzusehen. Es dürfte auch nicht sinnvoll sein, daß die Stellvertretung der Leiter solcher Stabsabteilungen vom zuständigen Vorstandsmitglied übernommen wird, da diesem nicht nur die notwendige Zeit, sondern in der Regel auch das Spezialwissen fehlt und er gleichfalls überfordert wird.

Anders verhält es sich bei der gegenseitigen Stellvertretung der Leiter der Organisationsabteilung und der Revisionsabteilung, weil diese Abteilungen eng zusammenarbeiten, vor allem auf dem Gebiet der Systemrevision. Aber auch hier können einige bereits bei der Stellvertretung der Abteilungsleiter (Linienabteilungen) erörterten psychologischen Probleme dann auftreten, wenn der Stellvertreter nicht im Sinn und Geist des Vertretenen handelt. Dies dürfte jedoch nach den Gestaltgesetzen der "Gleichartigkeit","Nähe", "Geschlossenheit", der "guten Fortsetzung" und des "glatten Verlaufs" seltener vorkommen. Allerdings ist bei Spezialfragen der Finanz- und Steuerpolitik eine partielle Überforderung und psychische Belastung des Leiters der Organisationsabteilung nicht auszuschließen, wobei die obengenannten Reaktionsmechanismen auftreten können.

---

270) Vgl. hierzu Rohracher, H., a.a.O., S. 478 und 480

4. Gestaltung der Organisationsform des Unternehmens

Es gibt verschiedene Möglichkeiten, die Aufbaustruktur der Unternehmen zu gestalten. Während zum Beispiel bei Einproduktunternehmen die funktionale Organisationsform gegeben ist, können bei Mehr- oder Vielproduktunternehmen sowohl die funktionale als auch die divisionale Organisationsform sowie die Matrixorganisation gewählt werden.

Neben diesen Organisationsformen kann das Unternehmen zusätzlich Projektorganisationen einrichten.

a) Wesen und schaubildliche Darstellung von Organisationsformen

Kennzeichnend für die funktionale Organisationsform ist die Zusammenfassung der Aufgaben in der hierarchischen Ebene unter dem jeweiligen Vorstandsmitglied nach dem Funktionsprinzip (Verrichtungsprinzip), zum Beispiel im Vorstandsbereich des Arbeitsdirektors in den Hauptabteilungen Personalwesen, Sozialwesen, Aus- und Fortbildungswesen, Gesundheitswesen, Werkssicherheitswesen. Diese Organisationsform beruht auf dem Einliniensystem, wonach jeder Mitarbeiter nur von einem einzigen Vorgesetzten Anordnungen erhält und somit die "Einheit der Auftragserteilung" (Fayol) gewahrt bleibt. Da den Vorstandsmitgliedern und gelegentlich einzelnen Hauptabteilungsleitern Führungs- und Spezialistenstäbe unterstellt sind, wird die funktionale Organisationsform auch "Stab-Linien-Organisation" genannt. Sie ist in den meisten Unternehmen anzutreffen.[271)]

---

271) Vgl. Schwarz, H., "Die kombiniert verrichtungs- und objektorientierte Arbeitsteilung innerhalb der Unternehmensleitung als Erscheinungsform der Anwendung des Matrix-Prinzips", ZfO, 1976, Heft 8, S.443

Der divisionalen Organisationsform, die auch als produktorientierte oder Sparten-Organisation bezeichnet wird, liegt das Objektprinzip zugrunde. Dies bedeutet, daß sich in der hierarchischen Ebene unter dem Vorstand dezentralisierte Verantwortungsbereiche (Sparten) für Produkte oder Produktgruppen befinden, während die Gliederung der Hauptabteilungen oder Abteilungen innerhalb der Sparten nach dem Funktionsprinzip (Verrichtungsprinzip) erfolgt. Es ist auch möglich, Sparten nach Projekten oder regionalen Gesichtspunkten zu bilden.[272)]

Die reine Spartenorganisation dürfte in der Praxis nicht vorkommen, da aus Wirtschaftlichkeitsgründen produktunabhängige Aufgaben, die alle Unternehmensbereiche betreffen, von Zentralabteilungen wahrzunehmen sind.[273)] Dazu gehören zum Beispiel das Finanzwesen, Personal- und Sozialwesen, Aus- und Fortbildungswesen, die Allgemeine Verwaltung (Haus- und Grundstücksverwaltung, Post- und Fernmeldewesen) und beispielsweise die dem Vorstand direkt unterstellten Stabsabteilungen wie Organisation, Revision, Recht, Vorschlagswesen, Psychologischer Dienst, Öffentlichkeitsarbeit. Abbildung 4 (Kap. C,I, 4a) zeigt eine Mischform der Spartenorganisation mit Stabsabteilungen des Vorstandes und Zentralabteilungen.[274)]

---

272) Vgl. hierzu Grochla, E., "Unternehmungsorganisation", a.a.O., S. 188

273) Vgl. hierzu Blohm, H. und Seppeler, W., "Neue Impulse durch Sparten- und Matrixorganisation - auch für Klein- und Mittelbetriebe", 1. Teil, in: Zeitschrift für Organisation, 45. Jahrg. 1976, Heft 2, S. 66

274) Rolf, H., "Kann es einen einheitlichen Führungsstil im Unternehmen geben?", management heute, Heft 3, 1979, S. 27

Bei der divisionalen Organisationsform besteht die Gefahr, daß die Leiter der einzelnen Sparten die Gesamtzielsetzung des Unternehmens zum Vorteil ihrer Bereichsziele vernachlässigen.[275] Deshalb erläßt die Unternehmensführung Richtlinien, die eine möglichst einheitliche Zielorientierung sichern sollen;[276] diese wird zudem durch Budgetplanung und -kontrolle verstärkt.[277]

In Großunternehmen mit einer größeren Anzahl von Sparten ist jedoch der Vorstand durch Koordinations- und Kontrollaufgaben zeitlich stark belastet. Aus diesem Grunde werden in manchen divisional gegliederten Unternehmen Koordinationsstellen (funktionale Zentralstellen) eingerichtet, deren Leiter gegenüber den Hauptabteilungsleitern der einzelnen Sparten ein funktionales Anordnungsrecht besitzen, um den Vorstand zu entlasten. Bei dieser Organisationsform, die eine Ergänzung der Spartenorganisation darstellt und als Matrixorganisation bekannt ist, erhalten die Hauptabteilungsleiter in den einzelnen Sparten sowohl vom Spartenleiter als auch vom Leiter der zuständigen Koordinationsstelle Anordnungen, so daß für diese Leitungsebene die "Einheit der Auftragserteilung" aufgehoben wird.
Abbildung 5 (Kap. C,I, 4a) zeigt eine Mischform der Matrixorganisation im Ansatz.[278]

---

275) Vgl. Klee, J. und Brändle, R., "Grundlagen der modernen Unternehmensführung", Frankfurt und New York 1973, S. 72

276) Vgl. ebenda

277) Vgl. hierzu Grochla, E., "Neue Konzepte der Unternehmensorganisation", in: Unternehmensführung, Festschrift für Erich Kosiol, Hrsg. Jürgen Wild, Berlin 1974, S. 312

278) Rolf, H., "Kann es einen einheitlichen Führungsstil im Unternehmen geben?", management heute, Heft 3, 1979, S. 30

<u>Abbildung 4</u>: Mischform einer Spartenorganisation

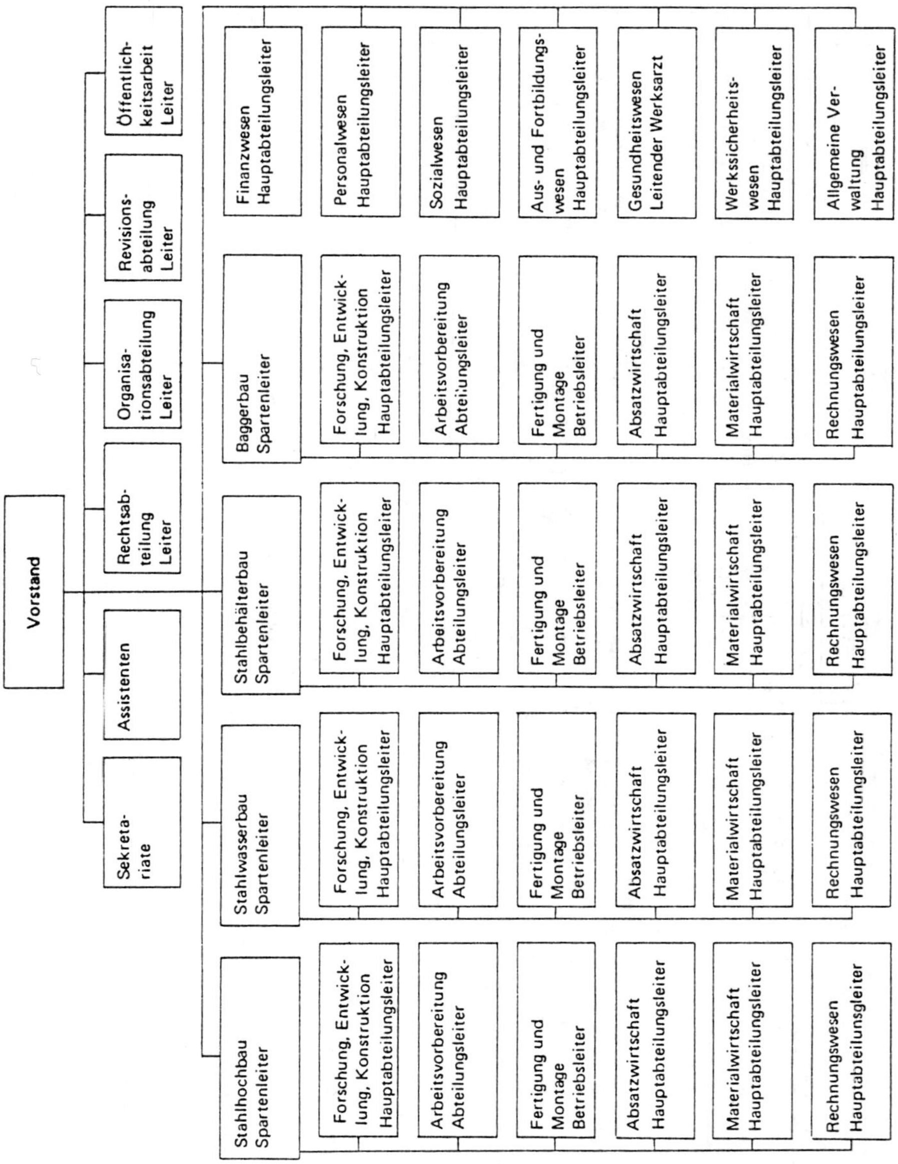

Abbildung 5: Mischform der Matrixorganisation im Ansatz

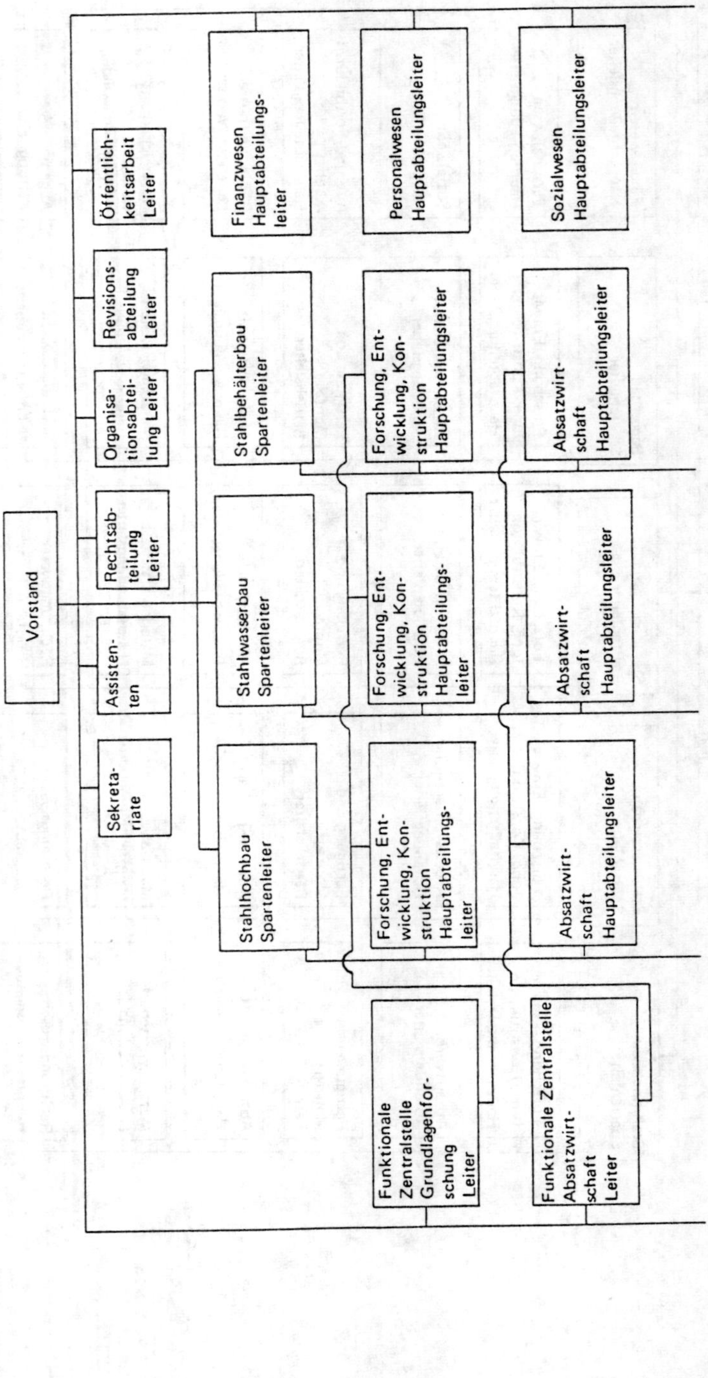

Bei der Projektorganisation handelt es sich zumeist um Arbeitsgruppen, die man zur Lösung komplexer Querschnittsaufgaben bildet und nach Durchführung der Projekte wieder auflöst.

b) Psychologische Probleme, die sich aus der Eigenart der Organisationsform ergeben

Jede Organisation beeinflußt das Erleben und Verhalten der in ihr tätigen Menschen. Im folgenden sollen psychologische Probleme behandelt werden, die bei der funktionalen Organisationsform, der Sparten- und Matrixorganisation sowie der Projektorganisation auftreten.

ba) Psychologische Probleme bei der funktionalen Organisationsform

Bei der funktionalen Organisationsform ist eine Aufgaben- und Entscheidungszentralisation gegeben. Diese hat den Vorteil, daß Zuständigkeiten und Verantwortung klar abgegrenzt werden, wodurch in der Abteilung weniger Konflikte zwischen Vorgesetzten und Mitarbeitern und den Mitarbeitern untereinander auftreten. Jedoch liegt ein großer Nachteil der Zentralisation in ihrer besonderen Schwerfälligkeit, weil die Hauptabteilungen stark voneinander abhängen und sich dadurch in Großunternehmen der ohnehin schon lange Instanzenweg bei der Zusammenarbeit der Abteilungen noch verlängert.

Es gibt Unternehmen, in denen der Instanzenweg bei schriftlichen Geschäftsabläufen streng eingehalten werden muß. Als Beispiel sei ein Gruppenleiter in der

Verkaufsabrechnung erwähnt, der einem Gruppenleiter im Verkauf eine schriftliche Mitteilung zustellt. Dabei kann folgender Instanzenweg vorgeschrieben sein:

Gruppenleiter in der Verkaufsabrechnung
Leiter der Verkaufsabrechnung
Hauptabteilungsleiter des Rechnungswesens
Hauptabteilungsleiter der Absatzwirtschaft
Abteilungsleiter der betreffenden Verkaufsabteilung
Gruppenleiter in der Verkaufsabteilung

Die obengenannte Mitteilung wird vom Leiter der Verkaufsabrechnung unterschrieben und von den übrigen Leitungsstellen (Instanzen) abgezeichnet.

Solche Regelungen beeinträchtigen die Wirtschaftlichkeit des Unternehmens, weil die strenge Einhaltung des Instanzenweges mit erheblichem Zeit- und Kostenaufwand verbunden ist; überdies leidet darunter die Arbeitszufriedenheit und Leistungsmotivation der Mitarbeiter, da ihnen nur ein geringer Handlungs- und Entscheidungsspielraum zugestanden wird. Deshalb versuchen viele Mitarbeiter, den langwierigen Instanzenweg zu umgehen. Sie verzichten nach Möglichkeit auf schriftliche Mitteilungen und bedienen sich zur Erledigung von Geschäftsvorgängen informeller Kommunikationswege.

Im obigen Beispiel kann der autoritäre (autoritative) Führungsstil unterstellt werden. Es dürfte wirtschaftlich und ein Beitrag zur Humanisierung der Arbeit sein, wenn das Unternehmen die Nachteile der langen Instanzenwege durch Delegation von Verantwortung milderte, indem die Gruppenleiter bei Normalfällen berechtigt wären, ihre interne Post selbst zu unterschreiben und dem Empfänger direkt zuzustellen. Bei außergewöhnlichen Geschäftsvorgängen könnte die Einhaltung des Instanzenweges beibehalten werden. Dies trüge zu einer wesentlichen Entlastung der Leitungsstellen von Routinearbeiten bei, so daß ihnen mehr Zeit für ihre eigentlichen Leitungsaufgaben und die Menschenführung bliebe.

Die bei der funktionalen Organisationsform gegebene starke Abhängigkeit der Hauptabteilungen voneinander führt zu einer erheblichen Belastung des Vorstandes durch Koordinations- und Konfliktlösungsaufgaben. Da sich der Betriebserfolg aus dem Zusammenwirken vieler Produktions- und Verwaltungsabteilungen ergibt und nicht einer bestimmten Abteilung zugerechnet werden kann, entstehen bei Mißerfolgen harte Konflikte; denn jeder Abteilungsleiter dürfte die Ursachen des Mißerfolges zunächst bei den anderen Abteilungen suchen.

Zwischen Verkaufsabteilungen und Produktionsbetrieben zum Beispiel treten des öfteren Konflikte auf, weil die Verkaufsabteilung auf Grund der Ergebnisse der Marktforschung für veränderte oder neue Produkte bessere Absatzchancen sieht und nutzen möchte, während der Produktionsbetrieb diese Vorschläge oft für technisch nicht sinnvoll und unrealistisch hält.[279)]

S t r u t z führte in 314 Betrieben der Maschinenbau-, Chemischen und Eisen schaffenden Industrie Nordrhein-Westfalens soziologisch-empirische Untersuchungen durch und berichtet von der Aussage eines Gesprächspartners, daß der Konflikt zwischen "...Produktion und Verkauf in Form eines Grabenkampfes zwischen beiden Bereichen auf Vorstandsebene..." ausgetragen wird.[280)]

---

279) Vgl. Strutz, H., "Umweltveränderungen und organisatorischer Wandel", Zur Einführung der Produktbereichsorganisation, Zeitschrift für Organisation, 46. Jahrg. 1977, Heft 6, S. 307

280) Ebenda
Vgl. hierzu auch Naase, Ch., "Konflikte in der Organisation", Stuttgart 1978, S. 160

Ferner sollen die häufigen Konflikte zwischen Produktionsbetrieb und Einkauf erwähnt werden, wenn zum Beispiel der Betriebsleiter vom Leiter des Einkaufs die Bestellung einer Maschine bei einem bestimmten Hersteller verlangt, der Einkaufsleiter dieser Forderung aber nicht nachkommt, weil ein anderer Lieferant wesentlich preisgünstiger ist.[281)]
Solche Konflikte können nur zufriedenstellend gelöst werden, wenn die Vorstandsmitglieder und ihre Mitarbeiter vom Ressortdenken Abstand nehmen und kooperations- und kompromißbereit sind.

Auf die Konflikte zwischen Stab und Linie soll bei der Behandlung psychologischer Probleme in den einzelnen Organisationsformen nicht eingegangen werden, weil diese Fragen in der Literatur ausführlich behandelt worden sind und das Problem nicht nur bei der funktionalen Organisationsform, sondern ebenso bei der Sparten- und Matrixorganisation auftritt; denn auch bei diesen Organisationsformen, die in der Praxis Mischformen sind, arbeiten Großunternehmen mit Stabsabteilungen, wie Recht, Revision, Organisation, Öffentlichkeitsarbeit, Betriebliches Vorschlagswesen, Psychologischer Dienst.

Abschließend soll erörtert werden, ob die funktionale Organisationsform (Zentralisation) einen autoritären Führungsstil bedingt und dadurch psychologische Probleme entstehen, deren Ursache in dieser Organisationsform liegt.

B l e i c h e r ist der Auffassung, daß neben anderen Faktoren die Dezentralisation oder Zentralisation von Entscheidungsaufgaben unterschiedliche Führungs-

281) Vgl. Rolf, H., "Zum Problem der Leitungsspanne in Großunternehmen der Industrie", Teil II, management heute, Heft 2, 1978, S. 11

stile und -formen konstituiere und weist auf die grundsätzliche Unterstellung hin, daß Entscheidungsdezentralisation eine große, Entscheidungszentralisation dagegen eine geringe Berücksichtigung humaner Aspekte zulasse, wofür aber der empirische Beleg fehle.[282)]

B r i n g s folgert auf Grund empirischer Untersuchungen mehrdimensionaler Unternehmen in den Vereinigten Staaten von Amerika, daß "...im Funktionssystem ein überwiegend autoritärer Führungsstil nach wie vor vorteilhaft..." sei.[283)]

Der Ansicht, daß beim Funktionssystem (funktionale Organisationsform), das heißt bei Entscheidungszentralisation nur eine geringe Berücksichtigung humaner Gesichtspunkte möglich und überwiegend der autoritäre (autoritative) Führungsstil vorteilhaft sei, kann nicht zugestimmt werden. Zwar bietet die Entscheidungsdezentralisation (etwa bei der Spartenorganisation) für die Verwirklichung des kooperativen Führungsstils bessere organisatorische Voraussetzungen. Daraus darf man aber nicht den Schluß ziehen, daß von der funktionalen Organisationsform ein Zwang zum autoritären Führungsstil ausgeht;[284)] denn viele Unternehmen sind nicht in der Lage, die Sparten- oder Matrixorganisation einzuführen, weil ihre Erzeugnisse in beschaffungs-, produktions- und absatzwirtschaftlicher Hinsicht nicht diversifiziert werden können, zum Beispiel

---

282) Vgl. Bleicher, K., "Führungsstile, Führungsformen und Organisationsformen", Zeitschrift für Organisation, 38. Jahrg., Heft 1/2, Februar 1969, S. 38

283) Brings, K., "Erfahrungen mit der Matrixorganisation", Zeitschrift für Organisation, 45. Jahrg., März 1976, Heft 2, S. 78

284) Vgl. Rolf, H., "Kann es einen einheitlichen Führungsstil im Unternehmen geben?", management heute, Teil I, Heft 2, 1979, S. 20

Zementfabriken, Ziegeleien und Brauereien;[285] desgleichen Berg- und Hüttenwerke, bei denen sich der Produktionsprozeß zu einem sehr späten Zeitpunkt gabelt.[286]

Wie die Praxis zeigt, können solche Unternehmen den kooperativen Führungsstil mit Delegation von Verantwortung erfolgreich anwenden und somit im Sinne des Gestaltgesetzes der "guten Fortsetzung" zur Humanisierung der Arbeit und zu einem guten Organisationsklima beitragen.

bb) Psychologische Probleme bei der divisionalen Organisationsform (Spartenorganisation)

Die Leitung der einzelnen Sparten ist in der Praxis unterschiedlich geregelt. Zum Beispiel hat die BASF-AG "Spartenressorts" gebildet, zu denen mehrere Sparten zählen. Diese sind als "Bündel" je einem Vorstandsmitglied unterstellt, wobei jede Sparte einen eigenen Leiter hat.[287] Dagegen besteht bei der Bayer AG die Spartenleitung aus einem Kaufmann und einem Techniker, die bei Nichteinigung das zuständige Vorstandsmitglied um Entscheidung bitten, während die Spartenleiter bei der Glanzstoff AG gleichzeitig Vorstandsmitglieder sind, denen jeweils ein Direktorium unterstellt ist, das sich aus Sales-Manager,

---

285) Vgl. Weber, H., "Funktionsorientierte und produktorientierte Organisation der industriellen Unternehmung", Zeitschrift für Betriebswirtschaft, 38. Jahrg., 1968, Nr. 8, S. 599

286) Vgl. Rolf, H., "Kann es einen einheitlichen Führungsstil im Unternehmen geben?", management heute, Teil I, Heft 2, 1979, S. 21

287) Vgl. Selinger, K., "Organisation der BASF-Gruppe", Zeitschrift für Organisation, 46. Jahrg., 1977, Heft 1, S. 19 und 21, Bild 3 und 5

Produktmanager und Controller zusammensetzt.[288)]

Zu den Vorteilen der divisionalen Organisationsform (Dezentralisation) zählt unter anderem die Möglichkeit, den Entscheidungsprozeß innerhalb der einzelnen Sparten abzukürzen und sich dadurch wechselnden Marktsituationen schneller anzupassen, da die Sparten voneinander und von der Unternehmensleitung relativ unabhängig sind.[289)] Dieser Vorteil kann jedoch aufgehoben werden, wenn der Spartenleiter seine Mitarbeiter autoritär führt, indem er ständig in ihre Delegationsbereiche eingreift und ihnen nur eine geringe Handlungs- und Entscheidungsfreiheit einräumt, was bei den Mitarbeitern Arbeitsunzufriedenheit, Frustrationen und mangelnde Leistungsmotivation zur Folge hat und den Arbeitsablauf hemmt. Voraussetzung für eine schnelle Anpassung an wechselnde Marktsituationen dürfte die kooperative Führung mit Delegation von Verantwortung sein. Dies gilt vor allem für große Sparten.

Wird die Sparte von mehreren Personen geleitet, zum Beispiel von einem Kaufmann und einem Techniker, können sich daraus häufig Konflikte ergeben, die sich bis in die unterste Leitungsebene der Sparte negativ auswirken, wodurch zum Beispiel dringende Entscheidungen verzögert werden sowie eine Verschlechterung des Betriebsklimas eintritt. Es kann unterstellt werden, daß die mehrköpfige Spartenleitung konflikt-

---

288) Vgl. Fiedler-Winter, R., "Divisionalisierung als Hilfsmittel", management heute, Heft 10, 1974, S. 24

289) Vgl. Weber, H., a.a.O., S. 594 und 596

trächtiger als die Einmannspitze ist.[290] Deshalb dürfte es zweckmäßig sein, mit der Leitung der Sparte nur eine Person zu betrauen.

Auch die Leitung der Sparte durch ein Vorstandsmitglied, dem wie im obengenannten Beispiel ein dreiköpfiges Direktorium unterstellt ist, können wir nicht als sinnvoll erachten; denn es besteht die Gefahr, daß das Vorstandsmitglied im Vorstand die Gesamtzielsetzung des Unternehmens zugunsten der Interessen seiner Sparte vernachlässigt und dadurch oft Konflikte mit dem Vorstandsvorsitzenden und anderen Vorstandsmitgliedern verursacht werden. Außerdem können Konflikte unter den Mitgliedern des Direktoriums die bereits erwähnten negativen Auswirkungen in der Sparte nachsichziehen.

Wenn in den Sparten eines Unternehmens das Profit-Center-Konzept eingeführt ist, bei dem die Spartenleiter für den Gewinn und Verlust ihrer Sparte verantwortlich sind, sollte jedem Spartenleiter das spartenbezogene Rechnungswesen unterstellt werden, da bei einer Zentralisation des Rechnungswesens die Möglichkeit besteht, Verluste einer Sparte mit Gewinnen anderer Sparten zu verrechnen, um beispielsweise Fehlinvestitionen nach außen zu verdecken.[291] Dies würde zu harten Konflikten der Spartenleiter untereinander sowie mit dem Hauptabteilungsleiter des Rechnungswesens und dem Vorstand des Unternehmens führen und somit gegen die Gestaltgesetze der "guten Fortsetzung" und des "glatten Verlaufs" verstoßen.

---

290) Vgl. hierzu Matthias Seefelder, Vorstandsvorsitzender der BASF-AG, in einem Interview durch Knut Bleicher, Zeitschrift für Organisation, 46. Jahrg. 1977, Heft 1, S. 27

291) Vgl. Rolf, H., "Kann es einen einheitlichen Führungsstil im Unternehmen geben?", Teil II, management heute, Heft 3, 1979, S. 29

Des weiteren können bei der divisionalen Organisationsform Konflikte auftreten, die sich aus mangelnder Koordination der Sparten des Unternehmens ergeben. Das gilt besonders für die Personalpolitik, wenn der jeweiligen Sparte eine Personalabteilung zugeordnet ist. Dann wäre es zum Beispiel möglich, daß neu eingestellte Mitarbeiter bei etwa gleichen Einstellungsvoraussetzungen in einer Sparte wesentlich mehr verdienten als in anderen Sparten.[292] Dies bliebe nicht geheim, auch wenn der Bevorzugte über die Höhe seines Gehalts schwiege, weil er von der Personalabteilung dazu verpflichtet wurde. Es scheint immer findige Mitarbeiter im Unternehmen zu geben, die sich über informelle Kommunikationswege oder etwa durch Vergleich von Kostenstellenabrechnungen einer Abteilung Gehaltsinformationen beschaffen und solche preisgeben. Der schlechter bezahlte Mitarbeiter in einer gleichen oder vergleichbaren Position empfindet dies als Ungerechtigkeit und erlebt dadurch Neid- und Frustrationsgefühle, die besonders intensiv sind, wenn es sich bei dem Bevorzugten um einen Kollegen handelt, zu dem er persönliche Beziehungen unterhält.[293] Die sich daraus ergebenden Spannungen verringern die Leistungsmotivation des Benachteiligten und zerstören das Vertrauen in die Personalpolitik und Menschenführung des Unternehmens, wenn sich solche Fälle häufen.
Gemäß den Gestaltgesetzen der "Gleichartigkeit" und der "guten Fortsetzung" sollte der Vorstand des Unternehmens Richtlinien erlassen, in denen für gleiche oder vergleichbare Tätigkeiten in allen Sparten auch eine einheitliche Bezahlung vorgeschrieben ist.

---

292) Vgl. ebenda, S. 28

293) Vgl. Krech, D. und Crutchfield, R.S., a.a.O., S. 254 f.

bc) Psychologische Probleme bei der Matrixorganisation

Die Doppelunterstellung der Hauptabteilungsleiter in den einzelnen Sparten unter den Spartenleiter und den Leiter der funktionalen Zentralstelle (Koordinationsstelle) führt zu Kompetenzüberschneidungen und verursacht die sogenannten "institutionalisierten Konflikte". Diese wirken sich auf die nachgeordneten Hierarchiestufen negativ aus, wenn sie nicht sachlich ausgetragen werden.[294)] Zwar kann die Kompetenzüberschneidung als Ursache solcher Konflikte durch die Anfertigung von Stellenbeschreibungen für die Sparten- und Zentralstellenleiter und die Befolgung der Führungsanweisung wesentlich eingeschränkt werden.[295)] Da in der Stellenbeschreibung aber nur die Hauptaufgaben und nicht die sich aus ihnen ergebenden Teilaufgaben genannt werden sollen, um die Flexibilität der Organisation zu erhalten, und neue Aufgaben, die in der Stellenbeschreibung nicht erfaßt sind, von demjenigen Leiter wahrgenommen werden, zu dessen Delegationsbereich sie dem Wesen nach gehören,[296)] treten bei Teilaufgaben und vor allem bei neuen Aufgaben zwischen den Leitern der funktionalen Zentralstellen und den Spartenleitern oft Konflikte auf. Deshalb ist ein kooperativer Führungsstil Voraussetzung für die erfolgreiche Anwendung der Matrixorganisation, da dieser Führungsstil die Fähigkeit zur Konfliktlösung fördert.[297)]

---

249) Vgl. hierzu Freilinger, Ch. und Keimelmayr, J., "Konfliktanalyse durch Organisationsdiagnose", management heute, Heft 10, 1978, S. 36

295) Vgl. hierzu Dreessen, K., "Die unterorganisierte Matrix-Organisation", management heute, Heft 6, 1977, S. 16 f.

296) Vgl. Höhn, R., "Die Tücken der Stellenbeschreibung", management heute + marktwirtschaft, Heft 11, 1975, S. 9

297) Vgl. Schneider, S., "Konflikte in einer Matrixorganisation", ZfO, 1975, Heft 6, S. 326 und 328

In der Literatur wird die Matrixorganisation unterschiedlich beurteilt.

G r o c h l a hebt die positiven Wirkungen der institutionalisierten Konflikte hervor, durch die "...Such-, Lern- und Kommunikationsprozesse ausgelöst werden, die zur Verwirklichung neuer Verfahren oder Ideen führen können..."[298)]

J a k o b weist darauf hin, "...daß ein produktives Spannungsverhältnis zwischen objekt- und funktionsorientierter Leitung (entsteht), das anspornt und zwingt, Konflikte offen und sachlich auszutragen. Das verhindert die Konfliktverlagerung in die persönliche Sphäre. Die Konfliktlösung erfolgt unmittelbar zwischen den tangierten Leitungsstellen auf derselben Systemebene und nicht auf umständlichem Wege über die Hierarchie. Der Abstimmungszwang führt weiter dazu, daß Konfliktsituationen rechtzeitig erkannt und bereinigt werden".[299)] Der Autor setzt bei dieser Organisationsform aber voraus, "...daß die Objekt- und Funktionsbereichsleiter nicht nur kooperationswillig sind, sondern auch Kooperations- und Konfliktlösungstechniken beherrschen".[300)]

Andere Autoren betrachten die Matrixorganisation überwiegend unter negativen Aspekten.

F r e i l i n g e r und K e i m e l m a y r sind der Auffassung, daß Konflikte zwar eine "notwendige Triebkraft für die Zielerreichung", aber auch

---

298) Grochla, E., "Unternehmungsorgansiation", a.a.O., S. 211

299) Jakob, H., "Unternehmungsorganisation", Gestaltung und Entwicklung sozio-technischer Systeme, a.a.O., S. 135

300) Ebenda

ein "erheblicher Störfaktor" sind, der "unnütz Leistungsreserven im Betrieb verzehrt".[301)]

S c h i n d e l und W e n g e r stellen unter anderem fest, daß die Mehrfachunterstellung "klare Kriterien der Kompetenzabgrenzung" erfordert und geben zu bedenken: "Wenn solche Kriterien fehlen, entstehen häufig Kompetenzkonflikte auf höheren Hierarchieebenen, die zu Loyalitätskonflikten (der Untergebene weiß nicht, welchem Vorgesetzten er recht geben soll) in den darunter liegenden Hierarchieebenen führen können. Die bei Fehlen einer klaren Kompetenzabgrenzung auftretenden Konflikte sind meist auf die nur auf den eigenen Aufgabenbereich gerichtete Denkweise der Führungskräfte zurückzuführen, die damit das Ziel der Rationalität des Gesamtsystems aus den Augen verlieren. Das Auftreten derartiger Kompetenzkonflikte führt im allgemeinen dazu, daß Entscheidungsprozesse nur unter großem Zeitverlust ablaufen".[302)]

K o r n d ö r f e r ist der Ansicht, daß bei der Matrixorganisation durch das Fehlen genauer Kompetenzregelungen der Entscheidungsprozeß erschwert und verzögert wird, ständige Konfliktsituationen zu persönlichen Reibereien führen und das Betriebsklima auf die Dauer verschlechtern. Dadurch seien der Anwendung der Matrixorganisation in der Praxis erhebliche Grenzen gesetzt.[303)]

---

301) Freilinger, Ch. und Keimelmayr, J., a.a.O., S. 36

302) Schindel, V. und Wenger, E., "Führungsmodelle", in: Betriebswirtschaftliche Führungslehre, Hrsg. E. Heinen, a.a.O., S. 115

303) Vgl. Korndörfer, W., "Unternehmensführungslehre", 2. Aufl., Wiesbaden 1979, S. 118

T e n c k h o f f steht auf dem Standpunkt, daß durch Kompetenzüberschneidungen "...keine eindeutige Aufgaben- sowie Kompetenzabgrenzung und damit auch keine klare Zielvorgabe" gewährleistet sei und die Matrixorganisation deshalb zu Prioritätskonflikten der Mitarbeiter führe.[304)]

W i l d sieht in der Teilung der Zuständigkeiten und der sich daraus ergebenden Mehrfachunterstellungen die Ursache stetiger "...Unklarheiten, Verwirrungen, Konflikte und Störursachen..."[305)]

Abschließend sei noch erwähnt, daß bei der Matrixorganisation weitere Konflikte entstehen können, wenn Spartenleiter gleichzeitig Vorstandsmitglieder sind, während Leitern der funktionalen Zentralstellen (Koordinationsstellen) nur der Rang eines Hauptabteilungsleiters eingeräumt wird. Dies könnte die oben erwähnten positiven Wirkungen der Matrixorganisation verhindern und verstieße auch gegen das Gestaltgesetz der "Gleichartigkeit", weil von der Funktion her gesehen die Leitung einer Sparte und die Leitung einer funktionalen Zentralstelle gleichrangige Führungsaufgaben sein dürften. Außerdem läge ein Verstoß gegen das Gestaltgesetz der "guten Fortsetzung" und des "glatten Verlaufs" vor; denn auch Vorstandsmitglieder neigen mitunter dazu, ihre Amtsautorität in den Vordergrund zu rücken, wenn neue Verfahren oder Ideen ihren Ressortinteressen zuwiderlaufen. Deshalb sollten, wie bereits bei der divisionalen Organisationsform angeregt wurde, Vorstandsmitglieder nicht Spartenleiter sein.

---

304) Tenckhoff, Ph., "Führung mit Zielsetzung und analytische Leistungsbeurteilung", Zeitschrift für Organisation, 43. Jahrg. 1974, Heft 8, S. 432

305) Wild, J., "Product Management", 2. Aufl., München 1973, S. 95

Eine abschließende Klärung der Vor- und Nachteile "institutionalisierter Konflikte" in der Matrixorganisation wird empirisch wohl nie geleistet werden können, weil sie von den jeweils verschiedenen intervenierenden Wirkvariablen der topologischen Feldkräfte und auch von den konkreten Persönlichkeitsbedingungen mit abhängen.[306] Die Organisationsstruktur kann als unabhängige Variable nur den Rahmen schaffen, ist Rahmenbedingung, und das ganze psychologische System muß in seinen Detailbedingungen im Sinne eines "offenen Fließgleichgewichts" immer wieder neu modifiziert werden.[307]

bd) Psychologische Probleme bei der Projektorganisation

Im Unternehmen fallen oft Querschnittsaufgaben an, deren Lösung die Bildung zusätzlicher Organisationsformen erfordert. Für solche Aufgaben eignet sich besonders die Projektorganisation, da sie ohne Änderung der Aufbauorganisation der Unternehmung angewendet werden kann.[308]

B u l a versteht unter "Projekten" Vorhaben, die durch "einmalige (azyklische) Abläufe, definierte Anfangs- und Endzeitpunkte, Aufgabenstellung und Zielsetzung, Beteiligung mehrerer Menschen, Arbeitsgruppen,

---

306) Vgl. Lewin, K., "Feldtheorie in den Sozialwissenschaften", Bern, Stuttgart, Wien 1963; zit. nach Lück, H.E., "Feldtheoretische Betrachtungen zur Hilfeleistung", in: Guss, K., (Hrsg.), "Gestalttheorie und Sozialarbeit", Darmstadt 1979, S. 45 ff.

307) Vgl. hierzu Piel, W., "Das Erlernen von Motiven durch Objektion als Gestaltungsprozeß", in: Gestalt Theory, 1980, Vol 2, No. 1/2, S. 58

308) Vgl. Bula, K., "Projekt-Management als Führungsinstrument", Zeitschrift für Organisation, 43. Jahrg., 1974, Heft 1, S. 30

Unternehmungen oder Institutionen (und) Komplexität" gekennzeichnet sind.[309)]

Der obengenannte Autor unterscheidet zwischen abstrakten und physischen Projekten. Zu den ersteren zählt er Entwicklungsprojekte, Organisationsprojekte und "Programme strategischer Unternehmensplanung", zu den letzteren Entwicklung und Markteinführung neuer Produkte, Planung von Produktionsstätten und Bauaufgaben.[310)]

In der Praxis werden oft folgende Formen der Projektorganisation angewendet:

Einflußprojektorganisation,
Reine Projektorganisation und
Matrixprojektorganisation.[311)]

Bei diesen zusätzlichen Organisationsformen handelt es sich zumeist um Arbeitsgruppen (Teams), deren Leiter und Mitglieder vom Vorstand des Unternehmens berufen werden; es kommt auch vor, daß sich die Mitglieder der Gruppen ihren Leiter aus ihrer Mitte wählen können.[312)]

Der Leiter der Projektgruppe ist nicht Vorgesetzter ihrer Mitglieder, sondern "primus inter pares" und hat als "Erster unter Gleichen" den Mitgliedern der Gruppe gegenüber kein sachliches und disziplinarisches

---

309) Ebenda

310) Vgl. ebenda

311) Vgl. Dreger, W., "Das Projekt-Management", Wiesbaden 1975, S. 34

312) Vgl. Rolf, H., "Kann es einen einheitlichen Führungsstil im Unternehmen geben?", Teil IV, management heute, Heft 4, 1979, S. 28

Anordnungsrecht.[313] Es wäre auch nicht sinnvoll, dem Leiter Anordnungsrechte zu übertragen, da in solchen Gruppen oft Mitglieder höherer Rangstufen des Unternehmens mitarbeiten und dies vermutlich zu Autoritätsschwierigkeiten führte. Vor allem aber kann ein Team, das kreativ tätig sein soll, nur erfolgreiche Arbeit leisten, wenn sich seine Mitglieder kooperativ verhalten und bemühen, die anstehenden Probleme ohne Rücksicht auf Rang, Stellung, Ressort- und Abteilungsinteressen sachlich zu lösen.[314] Deshalb ist es zweckmäßig und psychologisch sinnvoll, daß die Projektgruppe als Einheit dem Vorstand untersteht und die einzelnen Mitglieder dem Team als Ganzem verantwortlich sind.[315]

Die Beantwortung der Frage, ob Probleme besser von einer Gruppe oder einer einzelnen Person gelöst werden, hängt von der Art der Aufgabe[316] und der Größe des Projektes ab. Bei großen Projekten mit komplexen Aufgaben, die die Kapazität des einzelnen übersteigen, dürften Gruppenentscheidungen überlegen sein.[317] Das gilt auch, wenn im Rahmen eines Projekts möglichst viele verschiedene Ideen zu entwickeln sind und "...es sich um die Bewertung unklarer, ungewisser und unsicherer Situationen handelt".[318] Außerdem lassen sich bei anstehenden Problemlösungen in der Gruppe die Feh-

---

313) Vgl. Höhn, R. und Böhme, G., "Führungsbrevier der Wirtschaft", a.a.O., S. 237

314) Vgl. hierzu ebenda, S. 227 f.

315) Vgl. ebenda, S. 239

316) Vgl. Krech, D. und Crutchfield, R.S., a.a.O., S. 519

317) Vgl. von Rosenstiel, L., "Grundlagen der Organisationspsychologie", a.a.O., S. 200

318) Weinert, A.B., a.a.O., S. 331

ler einzelner Mitglieder leichter ausgleichen.[319] Auch weist eine Gruppe unzutreffende Ideen oder Hypothesen mehr zurück, als es bei allein arbeitenden Personen der Fall ist.[320] Zudem können sich die Mitglieder der Gruppe gegenseitig dazu anregen, Einfälle zu äußern, von denen vielleicht viele nicht brauchbar, einige aber sehr schöpferisch sind.[321] Dies setzt jedoch voraus, daß in der Gruppe über alle eingebrachten Ideen diskutiert wird, auch wenn verschiedene nur von einer Minderheit für gut befunden werden und den Ansichten der Gruppenmehrheit zuwiderlaufen.[322] B r ä u e r weist auf die Erkenntnisse der modernen Sozialpsychologie hin, wonach "...sich die Gruppenarbeit immer mehr als optimale Form durchsetzt".[323]

Die Gruppengröße sollte begrenzt sein, da sonst das "Maß der individuellen Teilnahme herabgesetzt" wird und es dann vorkommen kann, "...daß das aktivste oder aggressivste Gruppenmitglied (statt des fähigsten) eine zunehmend gewichtigere, aber unangemessene Rolle spielt".[324]

W e i n e r t äußert sich zur Größe der Gruppe wie folgt: "Mit wachsender Gruppengröße verändert sich auch die physische Distanz zwischen den Mitgliedern,

---

319) Vgl. Krech, D. und Crutchfield, R.S., a.a.O., S. 521

320) Vgl. ebenda

321) Vgl. ebenda

322) Vgl. ebenda

323) Bräuer, K., "Betriebspsychologie im Bereich des Unterrichts über die moderne Wirtschafts- und Arbeitswelt", Düsseldorf-Benrath 1974, S. 30

324) Krech, D. und Crutchfield, R.S., a.a.O., S. 519

die Homogenität, das Engagement, das Vertrauen und die Offenheit zwischen den Mitgliedern, und die Kommunikationsprozesse werden damit behindert".[325)]

M a t u s s e k weist auf die Bedeutung der Offenheit zwischen den Gruppenmitgliedern hin und hebt hervor, daß es in jeder kreativen Gruppe möglich sein müsse, über seine Gefühle offen zu sprechen, "...statt sich von ihnen treiben zu lassen". Der Autor stellt in diesem Zusammenhang fest: "Wären sich die Beteiligten ihrer Gefühle bewußt, könnten die meisten Konflikte vermieden oder beigelegt werden. Sehr oft sind kreativitätshemmende Reibereien auf Mißverständnisse zurückzuführen."[326)]

V o n R o s e n s t i e l gibt zur Problematik von Gruppenentscheidungen zu bedenken "...daß Gruppen...ein höheres Risikoniveau wählen als einzelne Individuen" und sieht dafür die trifftigste Erklärungshypothese in der Übernahme der Verantwortung durch die Gruppe als Gesamtheit. Da also in der Gruppensituation der einzelne die Verantwortung nicht allein trägt, fühlt sich dieser entlastet und verhält sich deshalb risikofreudiger.[327)]

W e i n e r t stellt bei der Erörterung der Nachteile von Gruppenentscheidungen unter anderem fest: "Häufig wird eine Gruppenentscheidung von einigen,

---

325) Weinert, A.B., a.a.O., S. 323
Vgl. hierzu auch René König, "Herrschaftsformen", in: Handwörterbuch der Organisation, Hrsg. Erwin Grochla, Stuttgart 1969, Spalte 671

326) Matussek, P., "Kreativität als Chance", Der schöpferische Mensch in psychodynamischer Sicht, München 1974, S. 227 f.

327) Von Rosenstiel, L., "Grundlagen der Organisationspsychologie", a.a.O., S. 199;
Vgl. auch Weinert, A.B., a.a.O., S. 333

wenigen Mitgliedern getragen, was bedeutet, daß sie einseitig belastet und emotional personalisiert und polarisiert werden kann".[328] Der Autor deutet auch darauf hin, daß für Gruppenentscheidungen gewöhnlich ein längerer Zeitraum als für individuelle Entscheidungen benötigt wird.[329]

Im folgenden werden drei Formen der Projektorganisation erörtert.

bd 1) Einflußprojektorganisation

Bei dieser Organisationsform hat der Projektleiter Planungs-, Informations- und Koordinationsaufgaben und gegenüber den Linienstellen des Unternehmens kein Anordnungsrecht.[330] Er wird von S t a e r k l e als "Projektkoordinator" bezeichnet.[331] Entscheidungen und Willensdurchsetzung dagegen sind Aufgaben des Vorstandes.[332]

Als Beispiel für die Anwendung der Einflußprojektorganisation sei die Einführung der Loseblattablage

---

328) Weinert, A.B., a.a.O., S. 333

329) Vgl. ebenda

330) Vgl. Brandenberger, J. und Ruosch, E., "Projekt-Management im Bauwesen", Zürich 1974, S. 11

331) Vgl. Staerkle, R., "Die Gestaltung der Unternehmensorganisation zur Bewältigung neuer Aufgaben", in: Strukturwandlungen der Unternehmung, Festschrift zum 70. Geburtstag von Emil Gsell, Hrsg. Vera Ganz und Hans Ulrich, Bern u. Stuttgart 1969, S. 210

332) Vgl. hierzu Bleicher, K., "Perspektiven für Organisation und Führung von Unternehmungen", Baden-Baden und Bad Homburg 1971, S. 91

in der Hauptverwaltung eines Großunternehmens erwähnt. Einer solchen Projektgruppe könnten folgende Personen angehören:

Leiter der Organisationsabteilung (Projektleiter),
Leiter des Archivs,
Leiter der Zentralregistratur,
ein Mitarbeiter der Zentralregistratur,
ein Organisator und
ein Revisor.

Man könnte annehmen, daß es relativ einfach sei, die Leiter der Linienstellen und ihre Mitarbeiter von der Notwendigkeit einer Loseblattablage zu überzeugen, da diese gegenüber der Ordnerablage mit einer wesentlichen Raumersparnis verbunden ist, die einzelnen Schriftstücke in Hängemappen leichter abzulegen und schneller zu finden sind und sich überdies die bei der Arbeit ständig gebrauchten Unterlagen im Griffbereich des Mitarbeiters unterbringen lassen.

Die Lösung dieser einfach anmutenden Aufgabe kann aber große Schwierigkeiten in sich bergen. Zum einen zieht die Umorganisation der "lebenden Ablage" auch eine Änderung der "toten Ablage", das heißt der Altablage nach sich, wenn man eine größtmögliche Raumersparnis erzielen will, zum Beispiel durch Mikroverfilmung. Zunächst muß aber festgestellt werden, welche Unterlagen wegen der gesetzlichen Aufbewahrungsfristen noch aufgehoben werden müssen, welche archivwürdig sind und welche vernichtet werden können. In einem Großunternehmen der Stahlindustrie wurden bei einer solchen Aktion tonnenweise alte Schriftstücke und Geschäftsunterlagen mit Lastkraftwagen zur Verbrennung abgeholt.

Bei der Beurteilung der Frage, was archivwürdig ist, kommt es oft zu Konflikten der Projektgruppe mit den Linienstellen, weil hierbei gesetzliche Aufbewahrungsfristen kein Maßstab sind. Manche Abteilungen halten vieles für archivwürdig, was vernichtet werden könnte. Das ist unter psychologischen Aspekten verständlich; denn Vorgänge, die im Archiv aufbewahrt werden, sind für die Geschichte und Entwicklung des Unternehmens von besonderer Bedeutung, gleichsam Meilensteine, und wer möchte auf eine solche Anerkennung verzichten, wenn er besondere Leistungen erbracht hat.
Zum anderen treten mit einzelnen Linienabteilungen Konflikte auf, weil sie sich der Einführung der Loseblattablage einfach widersetzen. Dazu zählen zum Beispiel Verkaufsabteilungen. Sie leisten oft mit dem Argument Widerstand, daß die Verkaufsakte geheftet sein müsse, weil man beim Kunden nicht mit "fliegenden Blättern" an Verhandlungen teilnehmen könne.

Der Leiter der Projektgruppe sieht sich deshalb des öfteren gezwungen, den Vorstand um Entscheidung zu bitten. Zuweilen fällt diese gegen ihn aus, was der Projektgruppe die sachliche Zusammenarbeit mit manchen Linienabteilungen erschwert und ihren Mitgliedern ein erhebliches Maß an Frustrationstoleranz abverlangt, damit ihnen nicht die Arbeitsfreude genommen wird.

Als weiteres Beispiel für die Anwendung der Einflußprojektorganisation soll die Einrichtung eines zentralen Schreibzimmers in der Hauptverwaltung eines Großunternehmens der Stahlindustrie dienen.[333)]

---

333) Vgl. zu den folgenden Ausführungen Rolf, H., "Kann es einen einheitlichen Führungsstil im Unternehmen geben?", Teil IV, management heute, a.a.O., S. 28

Diese Projektgruppe könnte sich aus folgenden Mitgliedern zusammensetzen:

Leiter der Organisationsabteilung (Projektleiter),
Leiter der Personalabteilung für Angestellte,
ein Werkspsychologe,
ein Bauingenieur und
der Vorsitzende des Angestellten-Betriebsrates.

Zu den Aufgaben einer solchen Projektgruppe gehört es unter anderem, dem Vorstand Vorschläge für die Auflösung der Vorzimmer von Abteilungsleitern zu unterbreiten, damit dringend benötigte Büroräume zur Verfügung gestellt werden; ferner festzustellen, welche Steno- oder Phonotypistinnen mit Diktataufnahmen und -übertragungen nicht ausgelastet sind und welche von ihnen im zentralen Schreibzimmer eingesetzt werden können.

Solche Vorschläge stoßen erfahrungsgemäß auf starken Widerstand der Betroffenen. Dafür sollen eine Reihe von Gründen genannt werden.
Zunächst wird das eigene Vorzimmer sowohl von den Abteilungsleitern als auch von ihren engsten Mitarbeiterinnen als Statussymbol empfunden. Darüber hinaus besteht vielleicht zwischen dem Abteilungsleiter und seiner Mitarbeiterin seit vielen Jahren ein guter persönlicher Kontakt und eine vertrauensvolle Zusammenarbeit, die man nicht missen möchte. Dies entspricht den Gestaltgesetzen der "Nähe", "Geschlossenheit" und "Erfahrung". Außerdem müßte der Abteilungsleiter ein Diktiergerät benutzen, und er hätte kaum die Möglichkeit, Briefe im Telegrammstil zu diktieren und dem zentralen Schreibzimmer die einwandfreie Formulierung zu überlassen, da die Arbeit dort von der Leiterin gleichmäßig verteilt wird und es ihren Mitarbeiterinnen oft an der entsprechenden Abteilungserfahrung mangelt.

Das obengenannte Projekt wirft menschliche Probleme auf, die Frustrationen und Spannungen verursachen und nur schwer zu lösen sind. In einem Großunternehmen haben im Jahre 1963 viele tüchtige Stenotypistinnen ihr Arbeitsverhältnis gekündigt, so daß sich der Vorstand gezwungen sah, das Projekt aufzugeben.

Es ist ein Beitrag zur Humanisierung der Arbeit, wenn den bestehenden menschlichen Kontakten Rechnung getragen und das zentrale Schreibzimmer mit freiwilligen oder neu einzustellenden Mitarbeiterinnen besetzt wird.

bd 2) Reine Projektorganisation

Im Gegensatz zur Einflußprojektorganisation, bei der die Mitglieder der Projektgruppe die Arbeit am Projekt meistens neben ihrer eigentlichen Tätigkeit im Unternehmen verrichten, werden bei der Reinen Projektorganisation die Mitglieder der Gruppe für die Dauer des Projekts von ihren Abteilungen abgeordnet.[334)]

H i l l , F e h l b a u m und U l r i c h stehen auf dem Standpunkt, daß die Reine Projektorganisation eine Parallel-Linienorganisation sei, an deren Spitze der Projektleiter stehe. Da die Vorgesetzten der Linienabteilungen gegenüber ihren Mitarbeitern, die in der Projektgruppe tätig sind, kein Anordnungsrecht hätten, könne die Projektgruppe straff geleitet werden.[335)]

---

334) Vgl. Rolf, H., "Kann es einen einheitlichen Führungsstil im Unternehmen geben?", Teil IV, a.a.O., S. 29

335) Vgl. Hill, W., Fehlbaum, R., Ulrich, P., "Organisationslehre 1", Bern und Stuttgart 1976, S. 203 und 206

Die Auffassung, daß die Reine Projektorganisation eine Parallel-Linienorganisation zur vorliegenden Organisationsform des Unternehmens darstellt, können wir nicht teilen, weil der Vorgesetzte im Liniensystem das sachliche und disziplinarische Anordnungsrecht besitzt und die Ausstattung des Projektleiters mit diesen Rechten dem Wesen der Teamarbeit widerspricht.[336)] Das Team soll schöpferisch tätig sein. Kreativität bedarf aber einer gewissen Unabhängigkeit[337)] und kann weder angeordnet, noch befohlen werden.[338)] Bei der Teamarbeit kommt es nicht auf Rang und Stellung des Mitgliedes der Gruppe an, sondern auf sein Wissen und seine Fähigkeit, zur Lösung der gestellten Aufgaben beizutragen.[339)]

Dem Projektleiter als "primus inter pares" obliegen vor allem Koordinationsaufgaben, zum Beispiel die Einladung der Gruppenmitglieder zu Besprechungen, die Leitung der Sitzungen, die Bekanntgabe von Informationen an die Gruppe oder die Weiterleitung von Ergebnissen der Gruppe an den Vorstand oder andere Stellen; außerdem achtet er darauf, daß die von der Gruppe beschlossene Arbeitsordnung eingehalten wird[340)] und Kosten und Termine die vorgegebenen Grenzen nicht überschreiten.

---

336) Vgl. Rolf, H., "Kann es einen einheitlichen Führungsstil im Unternehmen geben?", Teil IV, management heute, a.a.O., S. 29

337) Vgl. Grochla, E.,"Unternehmungsorganisation", a.a.O., S. 167

338) Vgl. hierzu Höhn, R., "Kreativität und Führungsstil", management heute, Heft 5, 1977, S. 23

339) Vgl. Höhn, R. und Böhme, G., "Führungsbrevier der Wirtschaft", a.a.O., S. 227

340) Vgl. ebenda, S. 237

Man unterscheidet zwischen der Planung und Ausführung des Projektes. B e n d i x e n und K e m m l e r halten in der Ausführungsphase eine eindeutige Führung für möglich.[341)] Hieraus darf man jedoch nicht folgern, "...daß in der Planungsphase der kooperative und in der Ausführungsphase mehr der autoritäre Führungsstil anzuwenden sei. Die Praxis liefert Beispiele, in denen zwar die Planung erfolgreich abgeschlossen wurde, die Durchführung aber wegen großer Widerstände im Unternehmen nicht erfolgte. Darüber könnten auch externe Unternehmensberater Aufschluß geben. Diese haben wegen ihrer umfangreichen Erfahrung mit ähnlichen Projekten bei der Meinungsbildung in der Projektgruppe oft ein Übergewicht. Da jedoch geplante und nicht durchgeführte Projekte dem Ruf der Beratungsfirmen schaden, dürften sich manche externe Berater der herrschenden Meinung im auftraggebenden Betrieb anschließen. Es ist also erforderlich, bereits im Stadium der Planung eines Projektes mit den maßgeblichen Linienstellen des Unternehmens und dem Betriebsrat Gedankenaustausch zu pflegen und bei ihnen überzeugend für das Projekt zu werben".[342)] Dies entspricht auch den Gestaltgesetzen der "Geschlossenheit" und der "guten Fortsetzung".

In der Praxis wird die Reine Projektorganisation nur bei großen Projekten angewendet, zum Beispiel beim Bau einer Hängebrücke oder eines Verwaltungshochhauses. Beim letzteren Projekt gehören zu den von der Projektgruppe zu lösenden Aufgaben beispielsweise

---

341) Vgl. Bendixen, P. und Kemmler, H.W., "Planung", Berlin und New York 1972, S. 82

342) Rolf, H., "Kann es einen einheitlichen Führungsstil im Unternehmen geben?", Teil IV, management heute, a.a.O., S. 29

die Standortwahl,
die Überlegung, in welcher Bauweise das Hochhaus errichtet werden soll (Großraum- oder Zellenbauweise),
die Ermittlung der Büronutzflächen, Sonderflächen (Treppen, Aufzüge, sanitäre Anlagen und dergleichen) und Reserveflächen,
die Aufteilung der Büronutzflächen aufgrund von Tätigkeitsmerkmalen der Vorstandsmitglieder, Hauptabteilungsleiter, Abteilungsleiter, Gruppenleiter, Sachbearbeiter (etwa Einkäufer, Verkäufer, Buchhalter, technische Zeichner) und der freigestellten Betriebsräte,

die Auswahl der technischen Einrichtungen (zum Beispiel Klimaanlage),

die Auswahl der Büroeinrichtungen (Holz- oder Stahlmöbel),

die Planung und Vorbereitung des Umzuges in das neue Verwaltungshochhaus und viele andere Aufgaben.[343)]

Einer solchen Projektgruppe gehören oft Mitarbeiter verschiedener Rangstufen an, zum Beispiel aus dem Kreis der Organisatoren, Werkspsychologen, Arbeitsmediziner, Architekten und Bauingenieure, Kostenrechner und Mitarbeiter der Allgemeinen Verwaltung.[344)]

Es ist auch zweckmäßig, ein Mitglied des Angestellten-Betriebsrates in die Gruppe zu berufen.

Die Lösung der obengenannten Aufgaben ist oft mit harten Konflikten verbunden. Dabei kann es sich zum

---

343) Vgl. ebenda, S. 29 f.

344) Vgl. ebenda, S. 30

Beispiel um Individualkonflikte, Intra- oder Intergruppenkonflikte handeln.
Ein Individualkonflikt entsteht bei Mitgliedern der Projektgruppe, die zum Beispiel von ihren vorgesetzten Bereichs- oder Abteilungsleitern bedrängt werden, deren Interessen in der Gruppe konsequent zu vertreten, etwa die Ablehnung der Großraumbauweise, obgleich sich sogar der Vorstand des Unternehmens bereiterklärt hat, selbst in einem Großraumbüro zu arbeiten. Weigert sich das Mitglied der Projektgruppe, dem Ansinnen seines Linienvorgesetzten nachzukommen, kann es vielleicht damit rechnen, daß nach Beendigung des Projektes die Zusammenarbeit mit seinem Vorgesetzten schwer belastet wird, da dieser ihm das Vertrauen entzieht und die Förderung versagt. Entspricht dagegen das Gruppenmitglied den Wünschen seines Vorgesetzten, dürfte es mit starkem Druck der übrigen Mitglieder der Projektgruppe zu rechnen haben, wenn seine Auffassung von ihnen nicht geteilt wird. Dieser Intragruppenkonflikt kann sich so auswirken, daß das "abtrünnige" Gruppenmitglied in der Gruppe isoliert wird und ihm dadurch die Arbeitsmotivation verlorengeht.

Die Frage, ob ein neues Verwaltungsgebäude in Großraum- oder Zellenbauweise erstellt werden soll, kann auch schwere Intergruppenkonflikte auslösen. Zum Beispiel bevorzugen leitende Angestellte in der Regel Einzelbüros. Wenn sich nun die Projektgruppe für die Großraumlösung entscheiden will, dürfte gemäß dem Gestaltgesetz der Geschlossenheit die "Union der Leitenden Angestellten", der viele Abteilungsleiter des Unternehmens angehören, nichts unversucht lassen, die Projektgruppe von diesem Plan abzubringen. Gelingt das nicht, kann die Projektgruppe mit starken Angriffen rechnen, die sich nach Beendigung des Projektes für die einzelnen Mitglieder der Gruppe in der oben erwähnten Weise auswirken können.

Es wird nicht möglich sein, solche oder ähnliche Konflikte zu vermeiden. Man muß sich bemühen, die Projektaufgaben sachlich zu lösen und die Diskussionspartner durch kooperatives Verhalten und überzeugende Argumentation für das Projekt zu gewinnen. Dabei ist den menschlichen Bedürfnissen besondere Aufmerksamkeit zu widmen.

bd 3) Matrixprojektorganisation

Ebenso wie die Reine Projektorganisation wird auch die Matrixprojektorganisation in der Regel nur bei großen Projekten angewendet. G m ü r und M e n z l sowie andere Autoren heben als Kennzeichen der Matrixprojektorganisation hervor, daß der Leiter des Projektes entscheidet, welche Aufgaben zu lösen sind und wann sie ausgeführt werden, während die Leiter der Linienabteilungen entscheiden, wie die Ausführung der Aufgaben erfolgen soll.[345] Dadurch entstehen wie bei der Matrixorganisation zwangsläufig institutionalisierte Konflikte, von denen Anregungen für neue Ideen erwartet werden.[346]

Als Beispiel für diese Organisationsform soll der bereits obengenannte Neubau eines Verwaltungshochhauses dienen.[347] Die beauftragte Projektgruppe könnte sich

---

345) Vgl. Gmür, U. und Menzl, A., "Mehrdimensionale und flexible Organisationsformen", Bern 1974, S. 49;
Vgl. hierzu auch Hill, W., Fehlbaum, R., Ulrich, P., a.a.O., S. 207

346) Vgl. Grochla, E., "Unternehmungsorganisation", a.a.O., S. 211

347) Vgl. zu den folgenden Ausführungen Rolf, H., "Kann es einen einheitlichen Führungsstil im Unternehmen geben?", Teil IV, a.a.O., S. 30

aus denselben Mitgliedern wie bei der Reinen Projektorganisation zusammensetzen. Bei der Matrixprojektorganisation sind jedoch die Mitglieder der Projektgruppe ihren vorgesetzten Bereichs- und Abteilungsleitern der Linie auch während der Arbeit am Projekt fachlich und disziplinarisch unterstellt, so daß die Mitglieder der Gruppe bei Gruppenentscheidungen auch die Anordnungen der jeweiligen Linienvorgesetzten zu berücksichtigen haben. Somit besteht ein Zwang zur Einigung, da die Projektgruppe nicht allein entscheiden kann. Dabei treten die bereits oben erörterten psychologischen Probleme auf. Die Lösung von Teilaufgaben kann sich dadurch verzögern. Jedoch dürfte die Projektdauer insgesamt geringer als bei der Reinen Projektorganisation sein, da die Linienabteilungen die Durchführung des Projektes unterstützen, was dem Gestaltgesetz der "guten Fortsetzung" und des "glatten Verlaufs" entspricht.

Der in der Literatur vertretenen Auffassung, daß dem Projektleiter der Projektgruppe gegenüber sachliche Anordnungsrechte übertragen werden sollen,[348)] können wir uns aus den schon dargelegten Gründen nicht anschließen.

II. Psychologische Probleme bei der Untersuchung und Gestaltung organisatorischer Arbeitsabläufe in der Verwaltung der Unternehmung

Es entspricht den Gestaltgesetzen der "Geschlossenheit" und des "glatten Verlaufs", die Gestaltung von

---

348) Vgl. Hill, W., Fehlbaum, R., Ulrich, P., a.a.O., S. 203 und 206 f.
Vgl. Bendixen, P. und Kemmler, H.W., a.a.O., S. 82
Vgl. Gmür, U. und Menzl, A., a.a.O., S. 49

Arbeitsabläufen nicht isoliert zu betrachten, sondern als Teil der Arbeitsablaufuntersuchungen anzusehen. Diese werden in der Unternehmenspraxis ganzheitlich aufgefaßt. Zu ihnen gehören nicht nur die Aufnahme des Istzustandes, seine kritische Betrachtung und die Gestaltung des organisatorischen Arbeitsablaufs (Sollzustand), sondern auch seine erfolgreiche Einführung. Sie muß vom Organisator von vornherein als Ziel angestrebt werden, weil sonst die Gefahr besteht, daß der neu gestaltete Arbeitsablauf wegen großer Widerstände der betroffenen Mitarbeiter vom Vorstand des Unternehmens nicht gebilligt wird.

Im folgenden sollen psychologische Probleme bei der Untersuchung und Gestaltung organisatorischer Arbeitsabläufe erörtert werden, wobei sowohl die Humanisierung als auch die Wirtschaftlichkeit der Arbeitsabläufe im Unternehmen Ziel der organisatorischen Gestaltung sind.

Auf die wegen des Interdependenzverhältnisses zwischen der Aufbau- und Ablauforganisation bereits behandelten psychologischen Probleme der Ablauforganisation (zum Beispiel bei der Gestaltung der Organisationsformen) wird nur noch eingegangen, wenn es im konkreten Fall für die Arbeitsablaufuntersuchung von besonderer Bedeutung ist.

1. Abgrenzung der Begriffe "organisatorischer Arbeitsablauf" und "Arbeitsgang"

Der Verband für Arbeitsstudien (Refa) versteht unter einem organisatorischen Arbeitsablauf "...die Festlegung und das zeitliche und örtliche Hinter- und Nebeneinander der zur Erzielung eines bestimmten Arbeitsergebnisses auszuführenden Ar-

beitsvorgänge..."[349)]
Somit werden alle Aufgaben, die Reihenfolge ihrer Verrichtung und die Aufgabenträger in den einzelnen Abteilungen erfaßt.[350)]

Organisatorisch wird der Arbeitsablauf nur bis zu den Teilaufgaben, den sogenannten Arbeitsvorgängen gegliedert;[351)] diese werden auch Arbeitsgänge genannt.

Ein Arbeitsgang ist diejenige Arbeit, die jeweils von einem Mitarbeiter oder einer Arbeitsgruppe zusammenhängend geleistet wird.[352)]

A c k e r schlägt als Hilfe für die Unterscheidung zwischen einem einzelnen Arbeitsgang und einer Folge verschiedener Arbeitsgänge nachstehende Regeln vor:

"Ein neuer Arbeitsgang soll immer dann angenommen werden, wenn

der Bearbeiter wechselt
das Arbeitsobjekt wechselt
das Arbeitsobjekt in mehrere Objekte zerlegt wird
mehrere Arbeitsobjekte zu einem einzigen vereinigt werden
das Arbeitshilfsmittel (Werkzeug) wechselt
ein bestimmter Zustand erreicht wird (z.B. ein Blatt vollgeschrieben ist)" [353)]

---

349) Das Refa-Buch, Band 1, "Arbeitsgestaltung", 10. Aufl., München 1961, S. 49; Vgl. auch Böhrs, H., "Arbeitsstudien in der Betriebswirtschaft", Wiesbaden 1967, S. 75

350) Vgl. Das Refa-Buch, Band 1, a.a.O., S. 49 f.

351) Vgl. ebenda, S. 57

352) Vgl. ebenda, S. 50

353) Acker, H.B., "Organisationsanalyse", Verfahren und Techniken praktischer Organisationsarbeit, 7. Aufl., Baden-Baden und Bad Homburg v.d.H. 1973, S. 79

Während im Fertigungsprozeß die Arbeitsgänge zur Kennzeichnung ihres Arbeitsinhaltes oder Zeitbedarfs häufig in Teilvorgänge (Arbeitsstufen) gegliedert werden, "...die jeweils in sich abgeschlossene Verrichtungen oder Überwachungen darstellen, die sich in der Ausführung nicht mehr teilen lassen...", zum Beispiel ein Werkstück aufnehmen und in die Vorrichtung spannen,[354)] erstrecken sich Arbeitsablaufuntersuchungen im Büro meistens nur auf die Arbeitsgänge.[355)]

2. Ziel der Arbeitsablaufuntersuchungen

N o r d s i e c k sieht das Ziel der Arbeitsablaufuntersuchung in der "Bestgestaltung der Arbeitsorganisation". Er unterscheidet im wesentlichen zwei verschiedene Zielstellungen; zum einen muß der "...Ablauf der Arbeit...der richtigen und rechtzeitigen Erfüllung der gestellten Aufgaben dienen..." und zum anderen das "...Ziel der Aufgabe...mit möglichst geringem Aufwand erreicht werden." Dabei sind beispielsweise Doppelarbeit, überflüssige Lagerung und Transporte sowie nicht erforderliche Kontrollen zu vermeiden.[356)]

---

354) Das Refa-Buch, Band 1, a.a.O., S. 50

355) Vgl. Müller-Pleuss, J.H., "Organisationsmethoden", 4. Aufl., Heidelberg 1974, S. 74

356) Nordsieck, F., "Betriebsorganisation", a.a.O., S. 44 f.

3. Psychologische Probleme bei der Aufnahme des Istzustandes

Unter dem Istzustand wird "...der zu einem bestimmten Zeitpunkt oder während einer bestimmten Dauer beobachtete tatsächlich vorgefundene Zustand eines Arbeitssystems" verstanden.[357)] Die Istaufnahme "...beruht nicht auf Meinungen, sondern auf sorgfältig ermittelten Tatsachen".[358)]

a) Methoden der Istaufnahme

Die Aufnahme des Istzustandes kann nach verschiedenen Methoden erfolgen. Zu ihnen zählen die Interviewmethode (direkte Methode) und die Fragebogenmethode (indirekte Methode) sowie die Kombination beider Methoden. Diese werden in der Praxis meistens angewendet.[359)] Ergänzend werden auch andere Methoden herangezogen, zum Beispiel die Berichtsmethode, die Ergebniszählung (Belegzählung) oder die direkte Beobachtung.[360)]

S e l g und B a u e r weisen darauf hin, daß die Verhaltensbeobachtung als relativ objektiv angesehen wird, weil ihr Gegenstand grundsätzlich mehreren Beob-

---

357) Refa, Verband für Arbeitsstudien, "Methodenlehre des Arbeitsstudiums", Teil 1, Grundlagen, 2. Aufl., München 1972, S. 85

358) Nordsieck, F., "Betriebsorganisation", a.a.O., S. 65

359) Vgl. Rolf, H., "Zur Untersuchung und Gestaltung von Arbeitsabläufen in der Verwaltung der Unternehmung", management heute, Heft 1, 1980, S. 33

360) Vgl. Acker, H.B., "Organisationsanalyse", a.a.O., S. 18

achtern zugänglich ist, beispielsweise durch Tonbandgeräte oder Filmaufnahmen.[361)] Hierbei handelt es sich nur um die Fremdbeobachtung, da gegen die Selbstbeobachtung (Introspektion) Zweifel an der Objektivität berechtigt sind.[362)]

Wie Nordsieck es fordert, muß die Fremdbeobachtung auf "sorgfältig ermittelten Tatsachen" beruhen,[363)] wobei unter "sorgfältig" nicht nur "objektiv" im Sinne intersubjektiver Übereinstimmung mehrerer Beobachter zu verstehen ist, sondern zugleich auch Relevanz (Erheblichkeit), Reliabilität (Zuverlässigkeit) und Validität (Gültigkeit).[364)]

Im folgenden soll auf spezielle methodologische und psychologische Probleme bei der Erhebung des Istzustandes organisatorischer Arbeitsabläufe eingegangen werden.

Gemäß den Gestaltgesetzen der "guten Fortsetzung" und des "glatten Verlaufs" ist es erforderlich, die betroffenen Abteilungsleiter und ihre Mitarbeiter möglichst schon mehrere Wochen vor der Aufnahme des Istzustandes über Sinn und Zweck der Arbeitsablaufuntersuchung zu unterrichten, damit sich die Abteilungen

---

361) Vgl. Selg, H., Bauer, W., "Forschungsmethoden der Psychologie", 3. Aufl., Stuttgart, Berlin, Köln, Mainz 1976, S. 47

362) Vgl. Selg, H., "Einführung in die experimentelle Psychologie", 4. Aufl., Stuttgart, Berlin, Köln, Mainz 1975, S. 14

363) Vgl. Nordsieck, F., "Betriebsorganisation", a.a.O., S. 65

364) Vgl. hierzu Selg, H., a.a.O., S. 73 f.

darauf einstellen und die dringendsten Terminarbeiten vorab erledigen können. Die Unterrichtung sollte umfassend sein und sich nicht nur auf die unbedingt nötigen Informationen erstrecken, da eine gewisse Redundanz das Verständnis sichert und das Behalten von Informationen erleichtert[365] sowie eine motivierende Funktion erfüllt, indem sie dem Empfänger der Information das Gefühl seiner Bedeutung und Wichtigkeit gibt.[366] Dies wird noch verstärkt, wenn die Abteilungsleiter und Mitarbeiter um Unterstützung der Arbeitsablaufuntersuchung gebeten werden.
Mangelnde Information führt zu Mißverständnissen, Gerüchten, Spannungen und Widerständen und belastet das Organisationsklima.

aa) Berichtsmethode

Als erste Methode, den Istzustand des Arbeitsablaufes aufzunehmen, sei die Berichtsmethode erwähnt, bei der die Mitarbeiter ihre den jeweiligen Ablauf betreffende Tätigkeit frei aufschreiben. Bei dieser Methode besteht jedoch die Gefahr, daß der Mitarbeiter den Tatbestand aus Eigeninteresse willkürlich verfälscht; außerdem sind Fehler nicht korrigierbar.[367] Darüber hinaus erweist es sich als nachteilig, daß die Berichte oft kaum zu vergleichen sind, weil die Ausdrucksfähigkeit und Klarheit der Darstellung von der unterschiedlichen Vorbildung der Mitarbeiter abhängen.[368] Aus diesen Gründen genügen die Berichte nicht dem Kriterium der Objektivität.

365) Vgl. hierzu Hofstätter, P.-R., a.a.O., S. 185 f.

366) Vgl. Gallati, A., "Der Führungsstil und seine Beeinflußbarkeit", St. Galler Dissertation, Diessenhofen 1977, S. 121

367) Vgl. Weinert, A.B., a.a.O., S. 184

368) Vgl. hierzu v. Rosenstiel, L., "Grundlagen der Organisationspsychologie", a.a.O., S. 221

ab) Interviewmethode

Bei der Interviewmethode wird der Arbeitsablauf durch mündliche Befragung der Abteilungsleiter und ihrer Mitarbeiter am jeweiligen Arbeitsplatz vom Organisator schriftlich aufgenommen, wobei meistens offene Fragen gestellt werden. Diese Methode besitzt den Vorteil der Flexibilität,[369] weil durch den unmittelbaren Kontakt zum Befragten dessen Äußerungsbereitschaft gesteigert werden kann[370] und es besonders bei schwierigen Zusammenhängen möglich ist, Fragen zu klären, die nicht im Fragenkatalog des Organisators enthalten sind, sondern sich erst während des Gesprächs ergeben.[371] Das bedeutet zusätzlichen Informationsgewinn. Darüber hinaus werden durch die aktive Teilnahme des Befragten "negative Attitüden" (Einstellungen, Haltungen) und "Resistenzen" (Widerstände) vermindert.[372] Außerdem erlebt der Befrager den unmittelbaren Eindruck des Betriebsgeschehens und kann beobachten, wie und mit welchen Arbeitsmitteln die Tätigkeit verrichtet wird.[373]

Voraussetzung für die Wirksamkeit der Interviewmethode ist die Beherrschung der Interviewtechnik und insbesondere ein gutes Vertrauensverhältnis zwischen dem befragenden Organisator und den befragten Personen in den

---

369) Vgl. Krüger, W., "Aufgabenanalyse: Renaissance einer Organisationstechnik", Zeitschrift für Organisation, 50. Jahrg., Heft 4, 1981, S. 188 f.

370) Vgl. v. Rosenstiel, L., "Grundlagen der Organisationspsychologie", a.a.O., S. 304

371) Vgl. Rolf, H., "Zur Untersuchung und Gestaltung von Arbeitsabläufen in der Verwaltung der Unternehmung", a.a.O., S. 33

372) Vgl. Weinert, A.B., a.a.O., S. 183

373) Vgl. Rolf, H., "Zur Untersuchung und Gestaltung von Arbeitsabläufen...", a.a.O., S. 33

Linienabteilungen.[374] Letzteres ist aber nur möglich, wenn der Organisator gewillt ist, sich in seinen Meinungen zu mäßigen und zurückzuhalten.[375] Nach G r a c i â n ist "Zurückhaltung...ein sicherer Beweis von Klugheit".[376]
Der Organisator darf auch keine Selbstzufriedenheit zeigen, denn sie entsteht meistens aus Unwissenheit und schadet seinem Ansehen;[377] vor allem sollte er gemäß dem Gestaltgesetz der "Geschlossenheit" bedenken, daß sich ein gutes Vertrauensverhältnis zu den Linienstellen bei der Aufnahme des Istzustandes auch auf die Gestaltung des Sollzustandes und die Einführung des neuen Arbeitsablaufs positiv auswirkt. Die gute Zusammenarbeit mit der Linie ist für die erfolgreiche Lösung und Durchführung der gestellten Aufgaben unerläßlich[378] und entspricht somit dem Gestaltgesetz der "guten Fortsetzung" und des "glatten Verlaufs".

Ein freundliches Wesen und höfliches Verhalten sowie eine klare, einfache Ausdrucksweise werden dem Organisator die Arbeit sehr erleichtern.

Zu den Nachteilen der Interviewmethode zählt M ü l l e r - P l e u s s unter anderem Mißtrauen

---

374) Vgl. hierzu Weinert, A.B., a.a.O., S. 183

375) Vgl. Höhn, R. und Böhme, G., "Führungsbrevier der Wirtschaft", a.a.O., S. 214

376) Graciân, B., a.a.O., S. 94

377) Vgl. hierzu ebenda, S. 44

378) Vgl. Rolf, H., "Zur Untersuchung und Gestaltung von Arbeitsabläufen...", a.a.O., S. 33

gegen den Fragesteller und dessen Vorurteile, da dieser ein bestimmtes Untersuchungsergebnis mit einer vorgefaßten Meinung durch Suggestionsfragen anstreben könnte.[379)] Mißtrauen gegen den Befrager sei jedoch am ehesten zu beseitigen, wenn dieser darauf aufmerksam mache, daß seine Tätigkeit den Mitarbeitern in der Linie helfe, ihre Arbeiten leichter, zuverlässiger und schneller zu verrichten und die Sicherheit der Arbeitsplätze am besten zu erreichen sei, wenn der Betrieb die gewünschte Leistung mit dem geringsten Aufwand erziele.[380)]

ac) Fragebogenmethode

Bei dieser Methode werden die Arbeitsabläufe mit Hilfe von Fragebogen aufgenommen, die von den Leitern und Mitarbeitern der betroffenen Abteilungen auszufüllen und zu einem bestimmten Termin wieder abzugeben sind. Gemäß dem "Gestaltgesetz der Prägnanz" müssen die Fragen klar formuliert, eindeutig und möglichst einfach sein, um Mißverständnissen und zeitraubenden Rückfragen vorzubeugen. Unklare Fragen führen zu ungenauen Antworten und damit zu einer falschen Darstellung des Istzustandes. Eine genaue Istaufnahme ist jedoch Voraussetzung für die Kritik am tatsächlich vorhandenen Arbeitssystem sowie für die Gestaltung des Sollzustandes.[381)] Es ist sinnvoll, dem Fragebogen ein Beispiel für das Ausfüllen beizufügen,[382)] um den betroffenen Mitarbeitern die Arbeit zu erleichtern.

---

379) Vgl. Müller-Pleuss, a.a.O., S. 32 f.

380) Vgl. ebenda, S. 32

381) Vgl. Rolf, H., "Zur Untersuchung und Gestaltung von Arbeitsabläufen...", a.a.O., S. 33

382) Vgl. hierzu Acker, H.B., "Organisationsanalyse", a.a.O., S. 18

A c k e r hält es nicht für ratsam, den Befragten längere Zeit zum Ausfüllen der Fragebogen zu geben und empfiehlt, die Fragebogen in etwa ein bis zwei Tagen wieder einzusammeln, um den Istzustand zu einem bestimmten Zeitpunkt, im günstigsten Falle als Momentaufnahme zu erhalten.[383] Dadurch sei diese Methode der Interviewmethode überlegen.[384]

Der obengenannte Autor zählt zu den Nachteilen der Fragebogenmethode, daß die "plötzliche Verteilung der Fragebogen" Unruhe in den Betrieb bringt und die Fragen in größeren Büros häufig in Gemeinschaftsarbeit beantwortet werden.[385]
Diese Auffassung können wir nicht teilen. Zum einen ist die plötzliche Verteilung der Fragebogen nicht der Fragebogenmethode anzulasten. Wie bereits erwähnt wurde, ist es sinnvoll, die Betroffenen möglichst schon mehrere Wochen vor der Aufnahme des Istzustandes umfassend über die Arbeitsablaufuntersuchung zu unterrichten, damit sie sich darauf einstellen können. Zum anderen hat das Ausfüllen der Fragebogen in Gemeinschaftsarbeit den Vorteil, daß die Mitarbeiter über Schwachstellen im Arbeitsablauf gemeinsam nachdenken und diskutieren und manche Mißstände und Unwirtschaftlichkeiten bereits vor Abgabe der Fragebogen beseitigen. Dies wirkt sich positiv auf die Arbeitsmotivation und Arbeitszufriedenheit der Mitarbeiter aus und verstärkt ihre Gruppenkohäsion. Dem Organisator liegt dann ein modifizierter Istzustand vor, der vielleicht nicht mehr oder nur noch geringfügig geändert werden muß.

---

383) Vgl. ebenda, S. 18 f.

384) Vgl. ebenda, S. 19

385) Vgl. ebenda, S. 20

ad) Kombination der Interview- und Fragebogenmethode und Vergleich der Anwendbarkeit beider Methoden

A c k e r hebt hervor, daß die Kombination beider Methoden das "...ideale Verfahren zur Aufnahme des Istzustandes..." sei, da die Interviews durch eine vorläufige Auswertung der ausgefüllten Fragebogen sehr gut vorbereitet werden könnten und es dadurch dem Befrager ermöglicht werde, ganz konkrete Fragen zu stellen.[386] Diese Auffassung ist aus der Sicht der Arbeit des aufnehmenden Organisators verständlich. Unsere Erfahrung bei der Istaufnahme von Arbeitsabläufen in Großunternehmen der Stahlindustrie zeigt aber, daß sich die Abteilungsleiter und ihre Mitarbeiter der mit der Kombination der Aufnahmemethoden verbundenen doppelten Belastung in der Regel widersetzen[387] und es deshalb oft zu Konflikten kommt.

Der Ansicht Ackers, daß die Fragebogenmethode gegenüber der Interviewmethode nur einen geringen Zeit- und Kostenaufwand verursacht,[388] können wir uns nicht voll anschließen. Dies dürfte nur bei der Aufnahme einfacher Arbeitsabläufe zutreffen, etwa bei der Postzustellung und -abholung im Unternehmen. Bei schwierigen, abteilungsübergreifenden Zusammenhängen - zum Beispiel in Großunternehmen der Stahlindustrie der Versand von Walzstahl als LKW-, Bundesbahn-, Schiffs- oder gebrochener Versand (beispielsweise teils mit der Bundesbahn, teils mit einem Schiff) - nimmt das

---

386) Vgl. ebenda, S. 34

387) Vgl. hierzu Rolf, H., "Zur Untersuchung und Gestaltung von Arbeitsabläufen...", a.a.O., S. 34

388) Vgl. Acker, H.B., a.a.O., S. 23

Ausfüllen der Fragebogen aber oft mehrere Wochen in Anspruch, und der Rückgabetermin wird häufig wegen unvorhergesehener dringender Arbeiten (etwa der Beseitigung von Betriebsstörungen) überschritten. Darüber hinaus sind bei der Auswertung der Fragebogen oft Rückfragen erforderlich, die telefonisch nicht geklärt werden können und den Organisator zwingen, den betreffenden Stelleninhaber aufzusuchen. Dadurch wird dieser zusätzlich belastet.[389)]

Unter dem Gesichtspunkt einer humanen Arbeitsgestaltung ist es nicht vertretbar, den Mitarbeiter durch knapp bemessene Rückgabetermine (etwa ein bis zwei Tage) für die ausgefüllten Fragebogen unter Druck zu setzen. Dies verursacht bei manchen Mitarbeitern Angst- und Streßgefühle, weil sie einerseits ihre eigentlichen Stellenaufgaben termingerecht erledigen müssen, andererseits aber Nachteile befürchten, wenn sie die vom Vorstand genehmigten Rückgabtermine nicht einhalten. Solches Fehlverhalten des Organisators bei der Terminierung löst zwangsweise psychodynamische Reaktionen wie Überforderung und Konflikte aus. Zudem gibt es Mitarbeiter, denen es an der "Fähigkeit des Selbstausdrucks mangelt".[390)] Solche Mitarbeiter bedürfen der Hilfe von Kollegen oder Vorgesetzten.
Der Organisator sollte sich der Linie gegenüber kooperativ verhalten und Termine nicht vom Vorstand anordnen lassen, sondern im Sinne des Gestaltgesetzes der "guten Fortsetzung" im Einvernehmen mit den betroffenen Abteilungsleitern und Mitarbeitern festlegen.

---

389) Vgl. Rolf, H., "Zur Untersuchung und Gestaltung von Arbeitsabläufen...", a.a.O, S. 34

390) Weinert, A.B., a.a.O., S. 183

Gemäß dem Gestaltgesetz der "Geschlossenheit" müßten der Entscheidung über die Aufnahmemethode nicht nur die Kosten der Istaufnahme zugrundegelegt werden, sondern auch die Kosten der Neugestaltung und Einführung des Arbeitsablaufs Berücksichtigung finden. Es ist notwendig, mit den Linienstellen von vornherein eine gute Zusammenarbeit anzustreben und sich mit ihnen über die Aufnahmemethode zu einigen, da sonst die Einführung des neuen Arbeitsablaufs am Widerstand der Linie scheitern kann, zumindest aber behindert und verzögert wird.

b) Zeitermittlung der Arbeitsabläufe

Neben der Häufigkeitsermittlung der Arbeitsabläufe, bei der psychologische Probleme kaum auftreten dürften, muß bei der Istaufnahme auch die Zeitdauer der Arbeitsabläufe festgestellt werden. Der Zeitbedarf ist meistens der wichtigste Kostenfaktor und in Verbindung mit der Durchlaufzeit ein wichtiger Beurteilungsmaßstab, ob der Arbeitsablauf Stockungen aufweist oder fließt.[391)]

Der Durchlaufzeit muß besondere Aufmerksamkeit gewidmet werden. Beklagt sich zum Beispiel ein Kunde darüber, daß er auf seine schriftliche Anfrage selbst nach mehreren Wochen noch kein Angebot erhalten hat, ist im Unternehmen zu klären, ob die Verzögerung bei der Erstellung des Angebots auf längeren Bearbeitungs- oder Liegezeiten beruht. Möglicherweise sind vor der Ausarbeitung des Angebotes noch technische Probleme zu lösen. Vielleich bleibt die Anfrage auch liegen, weil sich ein zuständiger Sachbearbeiter oder Leiter einer Abteilung noch im Urlaub befindet und nicht rechtzeitig für eine Stellvertretung gesorgt wurde.[392)]

---

391) Vgl. Acker, H.B., a.a.O., S. 88

392) Vgl. Rolf, H., "Zur Untersuchung und Gestaltung von Arbeitsabläufen...", a.a.O., S. 34 f.

Die Ermittlung des Zeitbedarfs kann nach mehreren Verfahren erfolgen, von denen nur die Zeitschätzung und die Zeitaufnahme mit der Stoppuhr erörtert werden sollen.

Vor Anwendung solcher Verfahren sollte sich der Organisator gründlich mit deren Möglichkeiten und Grenzen befassen, weil besonders die Zeitmessung bei falscher Anwendung oder Interpretation zu Fehleinschätzungen führt und bei allen Zeiterhebungen mit dem Widerstand der Mitarbeiter, ihrer Betriebsräte und Gewerkschaften zu rechnen ist,[393] so daß harte Konflikte entstehen können.

Die Zeitschätzung kann vom Organisator oder vom Mitarbeiter der betroffenen Linienabteilung selbst vorgenommen werden. Es ist ein Beitrag zur Humanisierung der Arbeit, mit der Schätzung den Mitarbeiter zu betrauen; denn dieser dürfte aufgrund seiner Erfahrung am besten beurteilen können, wieviel Zeit er für die von ihm verrichteten Arbeitsgänge benötigt, zum Beispiel für das Schreiben einer Rechnung oder Bestellung. Sollte der Organisator aufgrund standardisierter Richtwerte Einwendungen gegen die Schätzung des Mitarbeiters vorbringen, dürfte beiderseitiges kooperatives Verhalten eine Einigung ermöglichen.

Es ist davon abzuraten, bei Arbeitsabläufen in der Verwaltung die Zeitermittlung mit Hilfe einer Stoppuhr vorzunehmen. Während der Mitarbeiter am Fließband oder an der Werkbank seine Arbeit meistens ungestört verrichten kann, wird die Tätigkeit des Mitarbeiters im

---

393) Vgl. Müller-Pleuss, J.H., a.a.O, S. 73

Büro oft unterbrochen, zum Beispiel durch Telefonanrufe, deren Dauer sehr unterschiedlich ist, ferner durch Besprechungen, Sitzungen oder Besucher. Deshalb dürfte bei Büroarbeit eine genaue zeitliche Abstimmung der einzelnen Arbeitsgänge nicht möglich sein.[394] Bereits aus diesem Grunde lehnen Büroangestellte die Zeiterfassung der Arbeitsgänge mit Hilfe der Stoppuhr ab. Die Anwendung dieser Methode führt zu schweren Konflikten, die die Leistungsmotivation der Mitarbeiter stark beeinträchtigen, das Organisationsklima erheblich belasten und gegen das Gestaltgesetz der "guten Fortsetzung" verstoßen.

4. Psychologische Probleme bei der Kritik des Istzustandes und der Erarbeitung des Sollzustandes

Gemäß den Gestaltgesetzen der "guten Fortsetzung" und des "glatten Verlaufs" sollten die Kritik des Istzustandes und die Erarbeitung des Sollzustandes in Gemeinschaftsarbeit mit den betroffenen Linienstellen erfolgen, so daß die Einführung der neugestalteten Arbeitsabläufe als gemeinsames Ziel angesehen wird und möglichst reibungslos vor sich geht.[394a]

Gegenstand der kritischen Betrachtung sind alle Faktoren, die den Arbeitsablauf beeinflussen. Dazu gehören auch die Verhältnisse am Arbeitsplatz, zum Beispiel zu geringe Arbeits- und Stellflächen, zu weite Entfernungen zwischen den Arbeitsplätzen, schlechte Beleuchtung und Belüftung sowie ein zu hoher Geräuschpegel.[395]

---

394) Vgl. Rolf, H., "Zur Untersuchung und Gestaltung von Arbeitsabläufen...", a.a.O., S. 35

394a) Vgl. hierzu Ulrich, H., "Organisation und Organisieren in der Sicht der systemorientierten Managementlehre", Zeitschrift Führung + Organisation, 54. Jahrg., Heft 1, 1985, S. 10

395) Vgl. hierzu Hauff, H.J.P., "Organisation im Industrieunternehmen", Wiesbaden, Berlin und München 1974, S. 55 f.

Außerdem zählen zu den Faktoren, die den Arbeitsablauf hemmen, zum Beispiel übermäßige Kontrollen eines autoritär führenden Vorgesetzten, die die Handlungs- und Entscheidungsfreiheit des Mitarbeiters einengen und seine Leistungsmotivation verringern. Deshalb ist zu prüfen, ob der Vorgesetzte die "Allgemeinen Führungsgrundsätze" des Unternehmens beachtet, kooperativ führt und die Handlungsverantwortung auch tatsächlich an den Mitarbeiter delegiert; denn die "kooperative Führung mit Delegation von Verantwortung" dürfte unseres Erachtens "sowohl für die Bestgestaltung des Arbeitsablaufs als auch zur Entfaltung der Persönlichkeit des Mitarbeiters unabdingbar sein".[396)]

Die leitenden Mitarbeiter des Unternehmens sollten darum verpflichtet werden, an Schulungskursen über kooperative Führung teilzunehmen, in denen sie ihre Erfahrung auswerten und lernen können, ihre "inneren Fähigkeiten und Kräfte" zu entwickeln und ihr Führungsverhalten zu ändern beziehungsweise zu verbessern.[397)]

Auf die Kontrolle des Führungsverhaltens der Vorgesetzten darf unseres Erachtens nicht verzichtet werden. Autoritäre, besonders auch aggressive Vorgesetzte sollten mit negativen Konsequenzen zu rechnen haben, weil sonst das fehlende "Bestrafungsrisiko" zu einer Enthemmung der Aggression führt,[398)] wodurch ein schlechtes Organisationsklima geschaffen wird, in dem die Mitarbeiter unzufrieden sind und infolgedessen ihre Arbeitsleistung sinkt.

---

396) Rolf, H., "Zur Untersuchung und Gestaltung von Arbeitsabläufen...", a.a.O., S. 36

397) Vgl. hierzu Roth, H., "Pädagogische Psychologie des Lehrens und Lernens", 15. Aufl., Hannover, Berlin, Darmstadt, Dortmund 1976, S. 186 und 188

398) Vgl. hierzu Bandura, A., "Aggression", Eine sozial-lerntheoretische Analyse, Stuttgart 1979, S. 255

Ferner ist festzustellen, ob Stellenbeschreibungen geändert werden müssen, ob die Stellvertretung der Abteilungsleiter und Mitarbeiter ordnungsgemäß durchgeführt wird und die Vorgesetzten nicht durch zu große Leitungsspannen überlastet sind, wodurch sich bei manchen Geschäftsvorgängen lange Liegezeiten ergeben. Unter der Leitungsspanne verstehen wir die Anzahl der Mitarbeiter, die einem Vorgesetzten direkt unterstellt und erfolgreich von ihm geführt werden können.[399)]

Des weiteren muß geprüft werden, ob die Arbeitshilfsmittel zweckmäßig eingesetzt werden, wie Vordrucke, Büromaschinen, elektronische Datenverarbeitungsanlagen.

Der Einsatz elektronischer Datenverarbeitungsanlagen darf nicht nur unter dem Gesichtspunkt der Wirtschaftlichkeit erfolgen, sondern muß auch der menschengerechten Gestaltung der Arbeitsabläufe Rechnung tragen. Wie bereits erwähnt wurde, führen monotone Arbeiten (zum Beispiel Datenerfassung mit Hilfe des Magnetplattenschreibers) zu einem Nachlassen der psychischen Wachheit und zu Ermüdungserscheinungen. Das gilt auch für die ausschließliche Bedienung von Datensichtgeräten, bei der die Augen sehr angestrengt werden. Deshalb sollte man Mischarbeitsplätze einrichten, bei denen die Tätigkeiten wechseln. Solche Arbeitsplätze sind bereits in manchen Großunternehmen anzutreffen.

Es ist zu erwarten, daß elektronische Datenverarbeitungsanlagen auch bei Verwaltungstätigkeiten in verstärktem Maße eingesetzt werden. Dies setzt Arbeitskräfte frei und führt zu großen Spannungen, weil die

---

399) Vgl. Hauff, H.J.P., a.a.O., S. 26
Vgl. hierzu auch Rolf, H., "Zum Problem der Leitungsspanne in Großunternehmen der Industrie", in: management heute, Teil I, Heft 1, 1978, S. 6 ff. und Teil II, Heft 2, 1978, S. 7 ff.

betroffenen Mitarbeiter ihre Entlassung fürchten. Im Sinne der menschengerechten Gestaltung der Arbeit ist es geboten, sich der elektronischen Datenverarbeitung nicht unmäßig zu bedienen und dafür Sorge zu tragen, daß freigesetzte Mitarbeiter eine andere angemessene Stelle im Unternehmen erhalten. Entlassungen rufen starken Widerstand der Mitarbeiter gegen die Neugestaltung der Organisation hervor und entsprechen nicht dem Gestaltgesetz der "guten Fortsetzung" und des "glatten Verlaufs."

Der Organisator muß sich bei der Neukonzeption des Arbeitsablaufs zuerst überlegen, ob dieser mit konventionellen Arbeitshilfsmitteln zweckmäßig gestaltet werden kann. Es gibt viele Aufgaben, die auch ohne elektronische Datenverarbeitung wirtschaftlich zu lösen sind. Im Sinne der Humanisierung der Arbeit sollte man der technischen Perfektion widerstehen.[399a)]

5. Arbeitsablaufdiagramme als Hilfsmittel zur Darstellung der Ablauforganisation unter dem Aspekt des Prägnanzgesetzes

Organisationsschaubilder sind eine wertvolle Hilfe, den Ist- und Sollzustand des Arbeitsablaufs darzustellen, da sie komplexe und schwierige Zusammenhänge wesentlich besser erkennen lassen als Organisationsberichte.

Die einfachste Form der Darstellung von Arbeitsabläufen ist das Arbeitsablaufdiagramm.[400)] Dieses enthält die Gliederung des Arbeitsablaufs in Arbeitsgänge,

---

399a) Vgl. hierzu Fromm, E., "Die Revolution der Hoffnung", Für eine Humanisierung der Technik, Hamburg 1982, S. 93 f.

400) Vgl. hierzu Acker, H.B., "Organisationsanalyse", a.a.O., S. 81

ihre Reihenfolge sowie die Abteilungen und Funktionsträger, die am Arbeitsablauf mitwirken. Durch das Diagramm wird der Organisator angeregt, einen möglichst kontinuierlichen Ablauf zu gestalten.[401)]
Man unterscheidet zwischen Übersichtsdiagrammen und Teildiagrammen (Einzeldiagrammen). Wenn es sich um eine große Zahl von Arbeitsgängen handelt, zum Beispiel in einem Unternehmen des Stahlbrückenbaues beim Arbeitsablauf vom Eingang der Anfrage eines Kunden bis zur Erstellung der Endabrechnung (Fakturierung), wird der gesamte Arbeitsablauf in Teilabläufe zerlegt. Diese werden in Teildiagrammen dargestellt.[402)]

Bei der Anfertigung solcher Diagramme verwendet man Symbole, die einen Tatbestand oder organisatorischen Begriff darstellen und den Organisator zu straffer Begriffsbildung zwingen.[403)] Es sollten nur wenige einfache und einprägsame Symbole verwendet werden,[404)] um den Wahrnehmungsvorgang und das Behalten zu erleichtern; denn man kann dem Vorstand und den von der Arbeitsablaufuntersuchung betroffenen Abteilungsleitern und Mitarbeitern nicht zumuten, sich eine Vielzahl von Symbolen einzuprägen. Mit solchen Diagrammen können die beteiligten Stellen nicht von den Schwachstellen des bestehenden oder der Zweckmäßigkeit des geplanten Arbeitsablaufs überzeugt werden.

Die in der Literatur dargestellten Arbeitsablaufdiagramme entsprechen häufig nicht den Anforderungen des Prägnanzgesetzes. Deshalb sind viele von ihnen für die Praxis unbrauchbar.

---

401) Vgl. Böhrs, H., "Arbeitsstudien in der Betriebswirtschaft", Wiesbaden 1967, S. 75

402) Vgl. hierzu Acker, A.B., "Organisationsanalyse", a.a.O., S. 83

403) Vgl. Nordsieck, F., "Betriebsorganisation", Lehre und Technik, Textband, 4. Aufl., Stuttgart 1972, Spalte 192

404) Vgl. ebenda

Abbildung 6: Einzeldiagramm des Deutschen Instituts für Betriebswirtschaft

Lfd. Nr.	Stufen des Arbeitsablaufs	Bearbeitung	Transport	Überprüfung	Verzögerung	Lagerung	Weg in Meter	Zeit in Minuten
1	Telefonanruf: Bote soll zur Direktionssekretärin kommen	●	⇨	□	D	▽		
2	Bote zur Direktionssekretärin	○	➡	□	D	▽	100	
3	Nimmt Auftrag von Sekretärin entgegen	●	⇨	□	D	▽		
4	Geht zur Buchhandlung	○	➡	□	D	▽	800	
5	Wartet im Laden	○	⇨	□	◗	▽		2
6	Fordert bestelltes Buch an	●	⇨	□	D	▽		
7	Wartet auf Lieferung	○	⇨	□	◗	▽		1
8	Nimmt Buch entgegen und quittiert	●	⇨	□	D	▽		
9	Zurück zur Firma	○	➡	□	D	▽	800	
10	Liefert Buch ab	●	⇨	□	D	▽		

Abbildung 6 zeigt ein einfaches Einzeldiagramm des Deutschen Instituts für Betriebswirtschaft, in dem international anerkannte Symbole verwendet werden. Hier handelt es sich um den Ausschnitt einer Arbeitsablaufkarte. Es wird eine Buchbeschaffung für einen Jubilar dargestellt, die der Hausbote im Auftrag der Direktionssekretärin vornimmt.[405] Dieses Arbeitsablaufdiagramm hat den Vorteil, daß die Art und Anzahl der jeweiligen Arbeitsgänge, zum Beispiel Bearbeitung, Transport und Verzögerung, leicht wahrzunehmen sind, jedoch ist die Feststellung umständlich, wie oft ein Aufgabenträger vom Arbeitsablauf in Anspruch genommen wird.

405) Jungbluth, A. und Mommsen, E.W. (Hrsg.), a.a.O., S. 126

A c k e r ist der Ansicht, Arbeitsablaufdiagramme seien nur bei einfachen Arbeitsabläufen zu verwenden, bei denen keine Alternativabläufe vorlägen.[406] Diese Ansicht können wir nicht teilen; denn gerade bei komplizierten Arbeitsabläufen kommt es darauf an, Ablaufdiagramme anzufertigen, um schwierige Zusammenhänge möglichst einfach darzustellen. Für Alternativabläufe sind Teildiagramme anzufertigen.[407]

Bei <u>Abbildung 7</u> (Kap. C,II,5) handelt es sich um ein Übersichtsdiagramm, das man in ähnlicher Form zum Beispiel in der eisenschaffenden und -verarbeitenden Industrie anwendet.[408] Hier wird der Istzustand beim Arbeitsablauf von der Anfrage des Kunden bis zur Abgabe des Angebots in einem Brückenbauunternehmen dargestellt. Das Diagramm läßt in den Spalten auf einen Blick erkennen, wie oft ein Funktionsträger durch Bearbeitungs-, Prüf- und Kontrollaufgaben in Anspruch genommen wird.[409]

---

406) Vgl. Acker, H.B., "Organisationsanalyse", a.a.O., S. 81

407) Vgl. Rolf, H., "Zur Untersuchung und Gestaltung von Arbeitsabläufen...", a.a.O., S. 37

408) Ebenda, S. 39

409) Vgl. ebenda, S. 38

Abbildung 7: Übersichtsdiagramm (Istzustand)

Arbeitsablauf: Anfrage des Kunden bis Abgabe des Angebots (Istzustand)

Abteilung: Verkauf Brückenbau (und andere)

Aufnahme: Schmidt

Datum: September 1979

Nummer	Arbeitsgangfolge	Aufgabenträger: Verkaufs-Sekretariat	Verkaufs-Direktor	Abteilungsleiter Verkauf Brücken	Gruppenleiter Verkauf Brücken	Sachbearbeiter Verkauf Brücken	Technisches Büro	Arbeitsvorbereitung	Vorkalkulation	Schreibzimmer
1	Eingang der Anfragen im Verkaufs-Sekretariat, Sekretärin stempelt Eingang, sortiert nach Verkaufsabteilungen in Unterschrifts-Mappen, weiter an Verkaufs-Direktor	○								
2	Verkaufs-Direktor sieht Anfragen durch, zeichnet ab, eventuell Vermerke, weiter an Abteilungsleiter		○							
3	Abteilungsleiter sieht Anfrage durch, zeichnet ab, weiter an Gruppenleiter			○						
4	Gruppenleiter sieht Anfrage durch, zeichnet ab, weiter an Sachbearbeiter				○					
5	Sachbearbeiter versieht Anfrage mit Anfrage-Nummer, trägt in Anfrage-Buch ein, weiter an Technisches Büro					○				
6	Technisches Büro stellt fest (Zeichnungen), ob Herstellung und Montage möglich (wenn nicht, zurück an Verkaufs-Sachbearbeiter), weiter an Arbeits-Vorbereitung						○			
7	Arbeits-Vorbereitung legt voraussichtlichen Herstellungs- und Montagetermin fest, weiter an Vorkalkulation							○		
8	Vorkalkulation ermittelt Selbstkosten, zurück an Verkaufs-Sekretariat								○	
9	Verkaufs-Sekretariat stempelt Eingang, legt Anfrage und Unterlagen in Unterschrifts-Mappe, weiter an Verkaufs-Direktor	○								
10	Verkaufs-Direktor prüft Unterlagen, ermittelt Gewinnzuschlag, zeichnet ab, weiter an Abteilungs-Leiter		□							
11	Abteilungs-Leiter prüft Unterlagen, zeichnet ab, weiter an Gruppen-Leiter			□						
12	Gruppen-Leiter stellt fest, ob Bonität d. Kunden vorhanden, weiter an Sachbearbeiter				○					
13	Sachbearbeiter spricht Angebot auf Tonband, dieses an Schreibzimmer					○				
14	Phonotypistin schreibt Angebot, legt Original und Durchschläge in Unterschrifts-Mappe, zurück an Sachbearbeiter									○
15	Sachbearbeiter prüft Reinschrift, zeichnet ab, Angebot und Unterlagen weiter an Gruppen-Leiter					□				
16	Gruppen-Leiter prüft Angebot, zeichnet ab, weiter an Abteilungs-Leiter				□					
17	Abteilungs-Leiter prüft Angebot und Unterlagen, unterschreibt rechts, weiter an Verkaufs-Sekretariat			□						
18	Sekretärin legt Angebot und Unterlagen in Sammel-Mappe, weiter an Verkaufs-Direktor	○								
19	Verkaufs-Direktor prüft Angebot und Unterlagen, unterschreibt links, zurück an Sekretärin		□							
20	Sekretärin legt Angebot in Post-Ausgangsmappe	○								

Zeiten könnten wie folgt in das Diagramm aufgenommen werden (Abbildung 8):[410)]

Abbildung 8

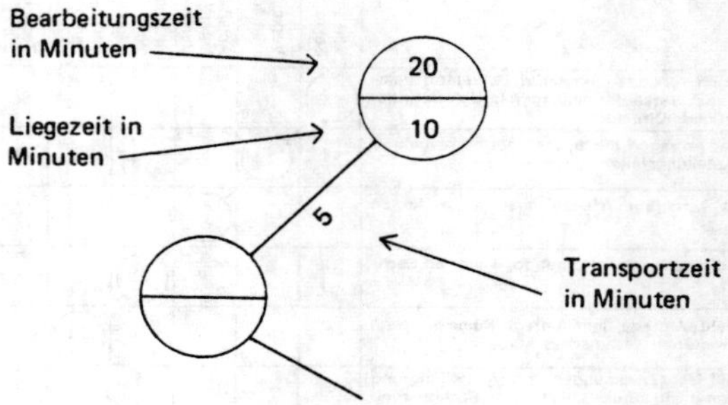

Für die Häufigkeitsermittlung wäre eine zusätzliche Spalte einzurichten.
Es werden nur drei Symbole verwendet, und zwar der Kreis für Bearbeitungs-, das Quadrat für Prüf- und Kontrollvorgänge und die Linie als Symbol für den Transport.

Wie Abbildung 7 (Istzustand) zu entnehmen ist, wird der Instanzenweg streng eingehalten. Zum Beispiel nimmt die Eingangspost den Weg von "oben nach unten". Das ist umständlich und zeitraubend, läßt auf geringe Handlungs- und Entscheidungsfreiheit der Mitarbeiter und damit auf einen autoritären Führungsstil schlie-

410) Ebenda

ßen.[411] Die dadurch verursachten psychologischen Probleme der Mitarbeiter sind bereits an mehreren Beispielen erörtert worden.

Abbildung 9: Übersichtsdiagramm (Sollzustand)

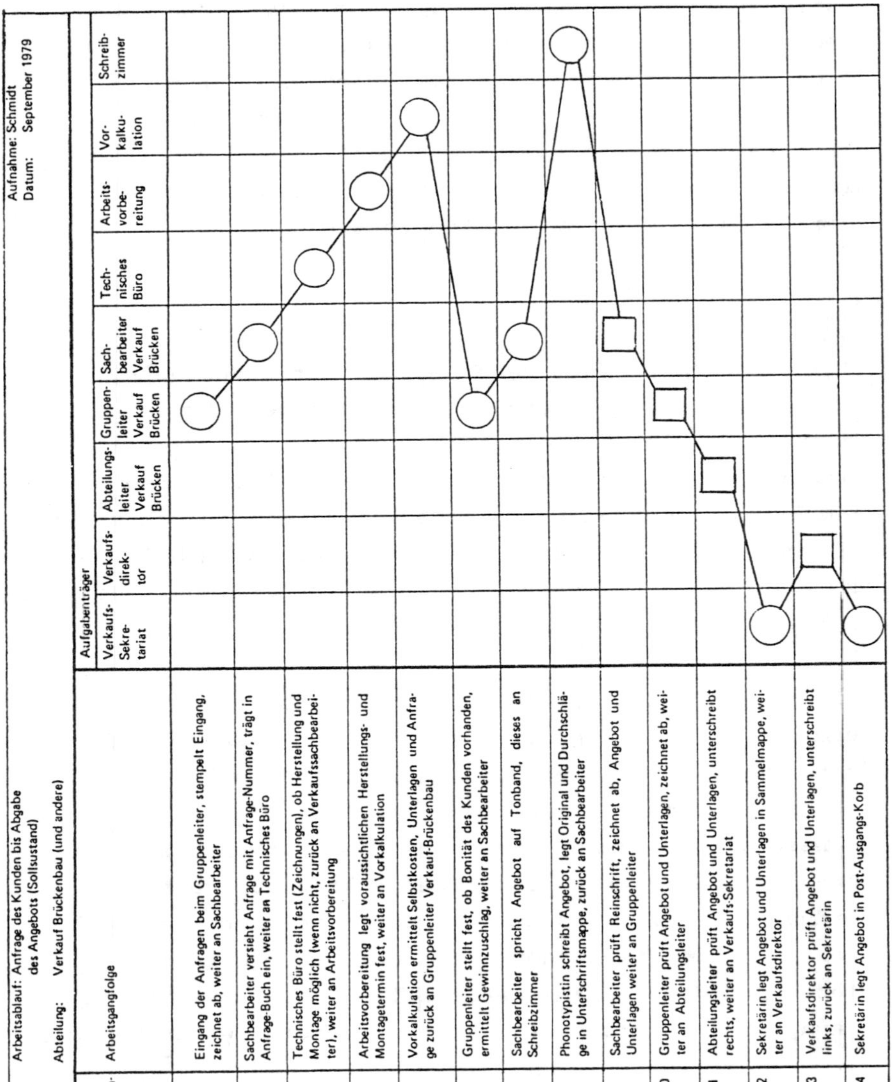

411) Vgl. ebenda

Abbildung 9 zeigt den Sollzustand des Arbeitsablaufs.[412] Dieser Ablauf besteht durch Delegation von Verantwortung nur noch aus 14 Arbeitsgängen. Zum Beispiel wird die Eingangspost dem Gruppenleiter unmittelbar zugestellt, und die Anzahl der Kontrollen wurde verringert. Im Vergleich zum Istzustand konnten sechs Arbeitsgänge eingespart werden. Das bedeutet nicht nur eine erhebliche Kostensenkung durch Beschleunigung des Arbeitsablaufs, sondern führt auch zu einer besseren Leistungsmotivation und Arbeitszufriedenheit der Mitarbeiter und entspricht somit dem Gestaltgesetz der "guten Fortsetzung".

Unser Ziel, die Unternehmensorganisation nicht nur wirtschaftlich, sondern auch menschengerecht zu gestalten, kann nur erreicht werden, wenn wir bei organisatorischen Maßnahmen die menschlichen Bedürfnisse gebührend berücksichtigen. Hierzu gehört vor allem menschliche Wärme, da sonst die Gesundheit der Mitarbeiter Schaden erleidet. In diesem Sinne gibt Konrad Pfaff zu bedenken:

"Kälte im Herzen zwischen den Menschen in den Ordnungen und an den Arbeitsplätzen macht den Menschen krank. Nur eine gewisse Wärme und der Versuch, vor aller Suche, vor allen Ordnungsproblemen, vor allen Funktionen menschliche wärmende Nähe zu fördern, kann uns gesund erhalten. Solange unsere Gesellschaft auf kalte Ordnung, Regel, Institution, Gewohnheit und Sachlichkeit mit Sicherheit gepaart setzt, verbreitet sie letzten Endes krankmachende Kälte. Wir erstarren in Paragraphen, Vorschriften, in der Papier-Wüste und der

---

412) Ebenda, S. 40

Unpersönlichkeit der Informationen. Dann habe ich bald nur noch ein Gewissen, nämlich das Sachgewissen und nur eine Sorge, die um die Sache; und immer werde ich das Leben des konkreten Menschen diesen Sacherfordernissen hintanstellen."[413)]

Auch folgende Erkenntnisse von E r i c h F r o m m sollten uns eine Mahnung sein:

"Wenn die Menschen jemals freiwerden, das heißt dem Zwang entrinnen sollen, die Industrie durch pathologisch übersteigerten Konsum auf Touren zu halten, dann ist eine radikale Änderung des Wirtschaftssystems vonnöten: dann müssen wir der gegenwärtigen Situation ein Ende machen, in der e i n e g e s u n d e W i r t s c h a f t n u r u m d e n P r e i s k r a n k e r M e n s c h e n m ö g l i c h ist. Unsere Aufgabe ist es, eine gesunde Wirtschaft für gesunde Menschen zu schaffen."[414)]

---

413) Pfaff, K., "Sinn der Krankheit - Unsinn von Normalität", Über gesunde Wandlung und kranke Erstarrung, in: Gesundheitslernen - Aufgabe für jeden, Bielefeld 1984, S. 21 f.

414) Fromm, E., "Haben oder Sein", Die seelischen Grundlagen einer neuen Gesellschaft, 13. Aufl., München 1983, S. 168 f.

D. Zusammenfassung

Ziel der vorliegenden Arbeit ist es, das Verhalten und Erleben der Mitarbeiter in privaten Großunternehmen (ökonomisch orientierten sozio-technischen Systemen) an Beispielen der Aufbau- und Ablauforganisation zu beschreiben und zu erklären sowie Lösungsmöglichkeiten für eine menschengerechte und wirtschaftliche Gestaltung der Organisation vorzuschlagen.
Bei dieser Zielsetzung wird die Organisation nicht nur unter dem Gesichtspunkt der Humanisierung betrachtet, wie es manchen Veröffentlichungen zu entnehmen ist, sondern auch unter dem der Wirtschaftlichkeit, weil sonst der Unternehmer seine Unterstützung versagt und deshalb viele Humanisierungsvorschläge in der Unternehmenspraxis nicht zu verwirklichen sind.

In dieser Arbeit wird der Versuch unternommen, ausgewählte Probleme der Unternehmensorganisation mit Hilfe gesicherter Erkenntnisse und Befunde der Psychologie sowie der Gestalttheorie als übergeordnetem Erklärungsansatz zu lösen. Dabei können wir wegen des weiten Gegenstandes der Untersuchung keine experimentelle Methode zur Erforschung von Einzelproblemen verwenden. Wir wählen deshalb ein Verfahren, das systematisch-phänomenologisches, empirisch-reflektierendes, heuristisches und literaturkritisches Vorgehen miteinander verbindet.

Im <u>allgemeinen Teil</u> behandeln wir Grundbegriffe und Grundfragen aus den Bereichen der Organisation und Psychologie. Außerdem wird die Bedeutung der Gestaltpsychologie und -theorie für die organisatorische Gestaltung der Unternehmung gewürdigt und an praktischen Beispielen nachgewiesen.

Der spezielle Teil befaßt sich mit ausgewählten Problemen bei der Gestaltung der Aufbau- und Ablauforganisation der Unternehmung, die nach unserer Ansicht für die Praxis von besonderer Bedeutung sind. Diese untersuchen wir auf ihre psychologische Relevanz hin und gewinnen dabei unter anderem folgende Erkenntnisse:

Bei der sachmittelgebundenen Stellenbildung (zum Beispiel Büroautomaten, Datenerfassungsgeräte, Fließbänder) führt die Monotonie der Arbeit zu einem Nachlassen der psychischen Wachheit, zu Ermüdungserscheinungen und psychischer Sättigung, wodurch bei Arbeiten im Produktionsbetrieb die Unfallgefahr erhöht wird. Diese negativen Erscheinungen können zum Beispiel durch Einrichten von Mischarbeitsplätzen bei Bürotätigkeiten und durch Arbeitsinseln bei der Fließbandfertigung (selbststeuernde Arbeitsgruppen) aufgehoben, zumindest aber gemildert werden.

Ein Kompromiß zwischen der sach- und personenbezogenen Stellenbildung sollte nicht nur auf der oberen Leitungsebene, etwa bei Vorstandsmitgliedern, sondern auch auf der mittleren und unteren sowie in der Ausführungsebene geschlossen werden; denn der Mitarbeiter, der neben seinen Fachkenntnissen über besondere persönliche Fähigkeiten in einem anderen Bereich verfügt (wie der Bilanzbuchhalter, der die russische Sprache beherrscht), erlebt wertschätzendes Verhalten durch Anerkennung seiner zusätzlichen Fähigkeiten, wenn diese im Unternehmen in Anspruch genommen werden. Dies gibt ihm das Gefühl, etwas Besonderes zu leisten, trägt zu seiner Selbstverwirklichung, zur Arbeitszufriedenheit und Verbundenheit mit dem Unternehmen bei.

Die vorübergehende Bildung von Stellen für Führungskräfte aus fremden Unternehmen, die neu eingestellt und denen Sonderaufgaben übertragen werden, bis eine geeignete Leitungsstelle frei wird, sollte man möglichst unterlassen; denn dadurch beschneidet man tüchtigen Mitarbeitern des eigenen Unternehmens die Aufstiegsmöglichkeiten. Das führt bei diesen zu Frustrationen, die Resignation oder sozialisierte Aggressionen gegen Vorgesetzte zur Folge haben können, außerdem zu Unlust- und Neidgefühlen, die die Motivation zur Leistung erheblich beeinträchtigen.

In Stellenbeschreibungen sollten neben den Hauptaufgaben auch Sonderaufgaben vorgesehen sein, um die besonderen persönlichen Fähigkeiten der Mitarbeiter nutzbar zu machen.
Wegen der Bedeutung der Stellenbeschreibungen für die kooperative Führung sind diese nicht zentral und somit autoritär, sondern nach Rahmenrichtlinien dezentral anzufertigen, wobei sich der Stelleninhaber, sein Vorgesetzter und diejenigen Personen, die mit dem Stelleninhaber beim jeweiligen Arbeitsablauf unmittelbar zusammenarbeiten, kooperativ verhalten müssen.

Bei der Bildung von Abteilungen ist das "Gestaltgesetz der Gleichartigkeit" zu beachten, das heißt für die Unterstellung von Abteilungen niedrigerer Ordnung unter Abteilungen höherer Ordnung sollte ausschlaggebend sein, ob diese Abteilungen ihrem Wesen nach zusammengehören. Sonst entstehen konfliktträchtige Unterstellungsverhältnisse, zum Beispiel, wenn im personellen Bereich des Unternehmens die Abteilung "Betriebliches Vorschlagswesen" nicht dem Arbeitsdirektor (Vorstandsmitglied) unmittelbar, sondern dem Hauptabteilungsleiter des Personalwesens oder dem

Leiter einer Abteilung in einer tieferen hierarchischen Ebene untersteht. Das gleiche gilt für die Unterstellung des Leiters der Abteilung "Psychologischer Dienst".

Als weitere Beispiele sollen konfliktträchtige Unterstellungsverhältnisse im kaufmännischen Bereich des Unternehmens genannt werden. Solche liegen etwa vor, wenn der Leiter der Organisationsabteilung nicht dem kaufmännischen Vorstandsmitglied direkt (oder dem Arbeitsdirektor), sondern einem Hauptabteilungsleiter (etwa des Rechnungswesens oder der Allgemeinen Verwaltung) unterstellt ist. Auch bei der Unterstellung der Organisationsabteilung unter den Gesamtvorstand des Unternehmens treten häufig Konflikte auf. Dasselbe gilt bei unzweckmäßigen Unterstellungsverhältnissen des Leiters der Revisionsabteilung.

Der Stellvertretung als einer der wichtigsten Organisations- und Führungsaufgaben im Unternehmen ist besondere Aufmerksamkeit zu widmen. So sollten die Leiter von Stabsabteilungen nicht mit der Stellvertretung von Vorstandsmitgliedern betraut werden, weil sonst komplexe Konflikte für die Zeit nach der Stellvertretung programmiert werden; denn die Leiter von Stabsabteilungen könnten unter Zeitdruck Entscheidungen treffen, die sie später in ihrer Eigenschaft als Leiter der Stabsabteilung (zum Beispiel Innenrevision oder Organisation) beanstanden müßten. Außerdem bestünde die Gefahr, daß nach Beendigung der Stellvertretung eines Vorstandsmitgliedes durch den Leiter einer Stabsabteilung dessen Empfehlungen als Anordnungen empfunden werden und die Führungskräfte der Linie es für ratsam halten, ihnen zu folgen. Bei Fehlentscheidungen tragen jedoch die Führungskräfte der Linie die Verantwortung, nicht der Leiter der Stabsabteilung, der nach Beendigung der Stellvertretung kein Anordnungsrecht mehr besitzt, sondern nur noch Beratungs-, Koordinations- und gewisse Kontrollaufgaben.

Bei der gegenseitigen Stellvertretung der Vorstandsmitglieder dürften Konflikte oft darin begründet sein, daß der Stellvertreter bei Abwesenheit des zu Vertretenden nicht in dessen Sinn und Geist handelt. Solche Verhaltensweisen führen zu Mißtrauen und erheblichen Spannungen zwischen den Vorstandsmitgliedern und haben als Signalwirkungen vor allem bei den mittleren und unteren Führungskräften quälende Angst zur Folge, weil es ihnen während ihrer Abwesenheit ebenso ergehen kann. Hier genügt schon der subjektive Eindruck einer Bedrohung oder Gefährdung. Die Führungskräfte werden bei ihren Entscheidungen verunsichert, fürchten Fehlentscheidungen und ziehen aus Angst Lösungen mittlerer Schwierigkeit vor. Deshalb dient es sowohl der Humanisierung der Arbeit als auch dem Streben nach Erhöhung des Unternehmenserfolges, grundlegende organisatorische Änderungen während der Abwesenheit eines Stelleninhabers zu untersagen. Außerdem sollte der Stellvertreter nicht gegen den Willen des Stelleninhabers ernannt werden. Dies entspräche dem Gestaltgesetz der "guten Fortsetzung".

Bei der gegenseitigen <u>Stellvertretung der Leiter von Stabsabteilungen</u> ist darauf zu achten, daß der Stellvertreter nicht überfordert wird; denn durch Überforderung erlebt er Enttäuschungen und das Gefühl des Versagens sowie eine Minderung seines Selbstwertgefühls, was Aggressionen beziehungsweise Depressionen zur Folge haben kann. Es ist auch möglich, daß der Stellvertreter das Gefühl des Versagens "rationalisiert", das heißt mit "Scheinbegründungen bemäntelt" oder sich aus Einsicht, seiner Aufgabe nicht gewachsen zu sein, um den zu vertretenden Delegationsbereich nur wenig kümmert. Deshalb dürfte es in der Regel zweckmäßig sein, die Leiter von Stabsabteilungen durch erfahrene Mitarbeiter ihrer Abteilung vertreten zu lassen.

Psychologische Probleme ergeben sich auch aus der Eigenart der Organisationsform. So ist zum Beispiel bei der funktionalen Organisationsform der lange Instanzenweg durch Delegation von Verantwortung an die nachgeordneten Leitungsstellen und Mitarbeiter abzukürzen, weil sonst die Freude an der Arbeit und die Arbeitsmotivation verlorengehen.

Die bei der obengenannten Organisationsform gegebene starke Abhängigkeit der Hauptabteilungen voneinander führt zu einer erheblichen Belastung des Vorstandes durch Koordinations- und Konfliktlösungsaufgaben. Solche Konflikte (zum Beispiel zwischen Verkaufsabteilungen und Produktionsbetrieben) sind nur durch Anwendung eines kooperativen Führungsstils zufriedenstellend zu lösen. Dies setzt aber voraus, daß die Vorstandsmitglieder und ihre Mitarbeiter vom Ressortdenken Abstand nehmen.

Der in der Literatur anzutreffenden Auffassung, daß bei der funktionalen Organisationsform, also bei Entscheidungszentralisation, nur eine geringe Berücksichtigung humaner Aspekte möglich und überwiegend der autoritäre Führungsstil vorteilhaft sei, können wir uns nicht anschließen; denn viele Unternehmen sind nicht in der Lage, die Sparten- oder Matrixorganisation einzuführen, weil ihre Erzeugnisse nicht in beschaffungs-, produktions- und absatzwirtschaftlicher Hinsicht diversifiziert werden können, zum Beispiel Zementfabriken oder Berg- und Hüttenwerke. Diesen Unternehmen darf man nicht von vornherein autoritäre Führung unterstellen. Die Praxis zeigt, daß solche Unternehmen den kooperativen Führungsstil mit Delegation von Verantwortung anwenden und somit einen Beitrag zur Humanisierung der Organisation leisten können.

Bei der Spartenorganisation mit Profit-Center-Konzept sollte jedem Spartenleiter das spartenbezogene Rechnungswesen unterstellt werden, da bei einer Zentralisation des Rechnungswesens die Gefahr besteht, daß Verluste einer Sparte mit Gewinnen anderer Sparten verrechnet werden, um beispielsweise Fehlinvestitionen nach außen zu verdecken. Dies würde zu harten Konflikten der Spartenleiter untereinander sowie mit dem Hauptabteilungsleiter des Rechnungswesens und dem Vorstand des Unternehmens führen und gegen die Gestaltgesetze der "guten Fortsetzung" und des "glatten Verlaufs" verstoßen. Ferner können bei der Spartenorganisation Konflikte auftreten, die sich aus mangelnder Koordination der Sparten ergeben. Das gilt besonders für die Personalpolitik, wenn der jeweiligen Sparte eine Personalabteilung zugeordnet ist, die bei etwa gleichen Einstellungsvoraussetzungen neu einzustellender Mitarbeiter wesentlich abweichende Gehälter gewähren. Dies zerstört die Leistungsmotivation der Benachteiligten und das Vertrauen in die Menschenführung des Unternehmens. Deshalb sollten gemäß den Gestaltgesetzen der "Gleichartigkeit" und der "guten Fortsetzung" vom Vorstand Richtlinien erlassen werden, in denen für gleiche oder vergleichbare Tätigkeiten in allen Sparten auch eine einheitliche Bezahlung vorgesehen ist.

Bei der Matrixorganisation führt die Doppelunterstellung der Hauptabteilungsleiter in den einzelnen Sparten unter den Spartenleiter und den Leiter der funktionalen Zentralstelle (Koordinationsstelle) zu Kompetenzüberschneidungen und verursacht "institutionalisierte

Konflikte". Diese werden in der Literatur teils positiv, teils negativ beurteilt. Wir sind der Ansicht, daß durch solche Konflikte neue Ideen gefunden werden können. Allerdings setzt die erfolgreiche Anwendung der Matrixorganisation einen kooperativen Führungsstil voraus, bei dem die Konflikte sachlich gelöst werden.

Bei der Projektorganisation, die als zusätzliche Organisationsform bei Querschnittsaufgaben im Unternehmen eingerichtet wird, zum Beispiel der Einrichtung eines zentralen Schreibzimmers (Einflußprojektorganisation), sollten menschliche Kontakte berücksichtigt und unzumutbare Frustrationen oder Überforderungen vermieden werden; denn diese stören den Arbeitsfrieden und sind weder den Betroffenen, noch dem Betrieb dienlich. Es trägt im obengenannten Beispiel zur Humanisierung der Arbeit bei, das zentrale Schreibzimmer mit freiwilligen oder neu einzustellenden Mitarbeiterinnen zu besetzen.

Die in der Literatur vertretene Auffassung, daß die Reine Projektorganisation (etwa beim Bau eines Verwaltungshochhauses) eine Parallel-Linienorganisation zur vorliegenden Organisationsform des Unternehmens darstellt, können wir nicht teilen, weil der Vorgesetzte im Liniensystem Anordnungsrecht besitzt und die Ausstattung des Projektleiters mit diesem Recht dem Wesen der Teamarbeit widerspricht; denn das Team soll schöpferisch tätig sein. Kreativität erfordert aber ein gewisses Maß an Unabhängigkeit, sie kann weder angeordnet, noch befohlen werden. Die von der Gruppe zu treffenden Entscheidungen sollten nach dem Prinzip der Abstimmungskollegialität erfolgen, wobei der Projektleiter als "primus inter pares" vor allem mit Koordinationsaufgaben betraut ist.
Da die Mitglieder der Projektgruppe für die Dauer des

Projekts von ihren Abteilungen abgeordnet sind, ist es im Sinne der Gestaltgesetze der "Geschlossenheit" und der "guten Fortsetzung" erforderlich, bereits im Stadium der Planung des Projekts mit den Linienstellen des Unternehmens und mit dem Betriebsrat Gedankenaustausch zu pflegen, damit die Einführung des Projektes nicht scheitert. Dieses Problem besteht nicht bei der Matrixprojektorganisation, weil die Mitglieder dieser Projektgruppe ihren vorgesetzten Bereichs- und Abteilungsleitern der Linie auch während der Arbeit am Projekt fachlich und disziplinarisch unterstellt sind, so daß die Mitglieder der Gruppe bei Gruppenentscheidungen auch die Anordnungen der jeweiligen Linienvorgesetzten zu berücksichtigen haben.

Die <u>Aufnahme des Istzustandes</u> organisatorischer Arbeitsabläufe im Unternehmen sollte den Linienabteilungen möglichst schon einige Wochen vorher angekündigt werden. Eine umfassende Information ist sinnvoll, da eine gewisse Redundanz das Verständnis sichert, das Behalten von Informationen erleichtert sowie eine motivierende Funktion erfüllt, weil dem Empfänger der Information das Gefühl seiner Bedeutung und Wichtigkeit gegeben wird.

Über die <u>Aufnahmemethoden</u> herrschen in der Literatur unterschiedliche Auffassungen. Wir sind der Ansicht, daß bei einfachen Arbeitsabläufen die <u>Fragebogenmethode</u> zweckmäßig ist, weil die Fragen gemäß dem "Gestaltgesetz der Prägnanz" klar, eindeutig und möglichst einfach formuliert werden können, um Mißverständnissen und zeitraubenden Rückfragen vorzubeugen. Jedoch sollten die Mitarbeiter nicht durch knapp bemessene Rückgabetermine unter Druck gesetzt werden. Sonst stellen sich bei ihnen Angst- und Streßgefühle ein, weil sie einerseits ihre eigentlichen Stellenaufgaben termingerecht erledigen müssen, andererseits aber Nachteile

befürchten, wenn sie die vom Vorstand genehmigten Rückgabetermine nicht einhalten.
Bei schwierigen, abteilungsübergreifenden Zusammenhängen dürfte die Interviewmethode zweckmäßig sein.

Die Kombination der Fragebogen- und Interviewmethode führt zu einer doppelten Belastung der Mitarbeiter in den Linienabteilungen. Da sich diese in der Regel dagegen wehren, kommt es oft zu Konflikten. Deshalb sollte man von der Kombination beider Methoden absehen.

Viele Konflikte entstehen auch bei der Zeitermittlung der Arbeitsabläufe in der Verwaltung der Unternehmung mit Hilfe der Stoppuhr. Die Arbeit der Mitarbeiter im Büro wird oft durch Telefonanrufe, Besprechungen oder Besucher unterbrochen. Da bei Büroarbeit eine genaue zeitliche Abstimmung der Arbeitsgänge nicht möglich sein dürfte, sollte diese Methode vermieden werden, um die Leistungsmotivation der Mitarbeiter und das Organisationsklima nicht zu beeinträchtigen. Es wäre ein Beitrag zur Humanisierung der Arbeit, den Mitarbeiter die Zeit selbst schätzen zu lassen. Wenn der Organisator auf Grund standardisierter Richtwerte überzeugende Einwendungen gegen die Schätzung des Mitarbeiters vorbringt, dürfte beiderseitiges kooperatives Verhalten eine Einigung ermöglichen.

Die Kritik des Istzustandes und die Erarbeitung des Sollzustandes sollten in enger Zusammenarbeit mit den Vorgesetzten und Mitarbeitern der Linienabteilungen erfolgen, so daß die Einführung der neugestalteten Arbeitsabläufe im Sinne des Gestaltgesetzes der "guten Fortsetzung" und des "glatten Verlaufs" als gemeinsames Ziel angesehen wird und möglichst reibungslos vor sich geht.

Der Einsatz elektronischer Datenverarbeitungsanlagen darf nicht nur unter dem Gesichtspunkt der Wirtschaftlichkeit erfolgen, sondern muß auch der menschengerechten Gestaltung der Arbeitsabläufe Rechnung tragen. In diesem Sinne ist es geboten, sich der elektronichen Datenverarbeitung nicht unmäßig zu bedienen und dafür Sorge zu tragen, daß freigesetzte Mitarbeiter eine andere angemessene Stelle im Unternehmen erhalten. Entlassungen rufen zudem starke Widerstände der Mitarbeiter gegen die Neugestaltung der Organisation hervor.

Bei der Anfertigung von Arbeitsablaufdiagrammen als Hilfsmittel zur Darstellung von Arbeitsabläufen sollten nur wenige, einfache und einprägsame Symbole verwendet werden, um den Wahrnehmungsvorgang und das Behalten zu erleichtern, da sonst der Vorstand des Unternehmens und die beteiligten Stellen - vor allem bei komplexen Arbeitsabläufen - nicht von den Schwachstellen des bestehenden oder der Zweckmäßigkeit des geplanten Arbeitsablaufs überzeugt werden können. Auch ist der verbale Teil des Arbeitsablaufdiagramms in einfacher, klarer Form abzufassen, so daß er dem "Gestaltgesetz der Prägnanz" entspricht.

Schließlich sollte beim Arbeitsablauf eine größtmögliche Delegation von Verantwortung angestrebt werden. Das bedeutet nicht nur eine erhebliche Kostensenkung durch Beschleunigung des Arbeitsablaufs, sondern führt auch zu einer besseren Leistungsmotivation und Arbeitszufriedenheit der Mitarbeiter und entspricht dem Gestaltgesetz der "guten Fortsetzung".

L i t e r a t u r v e r z e i c h n i s

Acker, H.B.	"Stellenbeschreibung", in: Handbuch der Organisation, Stuttgart 1969, Sp. 1582
	"Organisationsanalyse", Verfahren und Techniken praktischer Organisationsarbeit, 7. Aufl., Baden-Baden und Bad Homburg v.d.H. 1973
Arbeitskreis Krähe der Schmalenbachgesellschaft	"Unternehmungsorganisation", Aufgaben- und Abteilungsgliederung in der industriellen Unternehmung, 4. Aufl., Köln und Opladen 1963
Aschoff, C., Kellermann, H.,	"Personalinformationen als Voraussetzung zielorientierter Führung", in: Betriebswirtschaftliche Führungslehre, Ein entscheidungsorientierter Ansatz, Hrsg. E. Heinen, Wiesbaden 1978, S. 209
Bandura, A.	"Aggression", Eine sozial-lerntheoretische Analyse, Stuttgart 1979
Bendixen, P., Kemmler, H.W.,	"Planung", Berlin und New York 1972
Berkel, K.	"Konflikte und Konfliktverhalten", in: Organisationspsychologie, Hrsg. A. Mayer, Stuttgart 1978, S. 311
Bertalanffy, von L.,	"Vorläufer und Begründer der Systemtheorie", in: "Systemtheorie", Forschung und Information, Band 12, Hrsg. Ruprecht Kurzrock, Berlin 1972, S. 25 f.

Bleicher, K. "Führungsstile, Führungsformen und Organisationsformen", Zeitschrift für Organisation, 38. Jahrg., Heft 1/2, 1969, S. 38

"Perspektiven für Organisation und Führung von Unternehmungen", Baden-Baden und Bad Homburg v.d.H. 1971

"Die Entwicklung eines systemorientierten Organisations- und Führungsmodells der Unternehmung", in: Organisation als System, Schriftenreihe Organisation und Führung, Band 1, Hrsg. Knut Bleicher, Wiesbaden 1972, S. 244

"Organisation als System", Wiesbaden 1972

"Organisation und Führung der industriellen Unternehmung", in: Industriebetriebslehre in programmierter Form, Band III, Organisation und EDV, Hrsg. H. Jacob, Wiesbaden 1972, S. 20

Bleicher K., Meyer, E. "Führung in der Unternehmung", Formen und Modelle, Reinbek bei Hamburg 1976

Blohm, H., Seppeler, W. "Neue Impulse durch Sparten- und Matrixorganisation - auch für Klein- und Mittelbetriebe", 1. Teil Zeitschrift für Organisation, 45. Jahrg. 1976, Heft 2, S. 66

Böhrs, H., "Arbeitsstudien in der Betriebswirtschaft", Wiesbaden 1967

Bornemann, E. "Betriebspsychologie", Wiesbaden 1967

Brandenberger, J., Ruosch, E., "Projektmanagement im Bauwesen", Zürich 1974

Bräuer, K. "Arbeitspsychologie und Schule", Schriftenreihe Wirtschaft- Beruf-Gesellschaft, Hrsg. Hans K. Platte, Wuppertal, Ratingen, Düsseldorf 1969

"Betriebspsychologie im Bereich des Unterrichts über die moderne Wirtschafts- und Arbeitswelt", Düsseldorf-Benrath 1974

Brings, K. "Erfahrungen mit der Matrixorganisation", Zeitschrift für Organisation, 45. Jahrg., Heft 2, 1976, S. 78

Bula, K. "Projekt-Management als Führungsinstrument", Zeitschrift für Organisation, 43. Jahrg. 1974, Heft 1, S. 30

Dahrendorf, R. "Sozialstruktur des Betriebes", Wiesbaden 1972

Dorsch, F. "Psychologisches Wörterbuch", 9. Aufl., Bern, Stuttgart, Wien 1976

Dreessen, K. "Die unterorganisierte Matrixorganisation", management heute, Heft 6, 1977, S. 16 f.

Dreger, W. "Das Projekt-Management", Wiesbaden 1975

Ehrenfels, von, Chr., "Über Gestaltqualitäten", in: "Gestalthaftes Sehen", Ergebnisse und Aufgaben der Morphologie, zum hundertjährigen Geburtstag von Christian von Ehrenfels, hrsg. von Ferdinand Weinhandl, 2. Aufl., Darmstadt 1967, S. 18 f.

Estel Hoesch	"Angepaßt dem Menschen", Rahmenrichtlinie über die Aufstellung und Verwendung von Bildschirmgeräten, in: Werk und Wir, 30. Jahrg., Heft 2, Dortmund 1982, S. 67
Eulenburg, F.	"Das Geheimnis der Organisation", Berlin 1952
Feger, H.	"Gruppensolidarität und Konflikt", in: Handbuch der Psychologie, Band 7/2, Göttingen 1972, S. 1631 f.
Fiedler-Winter, R.	"Divisionalisierung als Hilfsmittel", management heute, Heft 10, 1974, S. 24
Franke, J.	"Psychologie als Hilfsmittel einer personenorientierten Unternehmensführung", Herne und Berlin 1976
Freilinger, Ch., Keimelmayr, J.	"Konfliktanalyse durch Organisationsdiagnose", management heute, Heft 10, 1978, S. 36
Frese, E.	"Aufbauorganisation", 2. Aufl., Gießen 1979
Freud, S.	"Das Unbewußte" (1915), in: Freud, S., "Das Ich und das Es und andere metapsychologische Schriften", 23.-27. Tausend, Frankfurt 1982, S. 73 ff.
Fröhlich, W.D.	"Angst und Furcht", in: Handbuch der Psychologie, Band 2, Göttingen 1965, S. 546
Fröhlich, W.D., Drever, J.	"Wörterbuch zur Psychologie", 12. Aufl., München 1978

Fromm, E. — "Die Revolution der Hoffnung", Für eine Humanisierung der Technik, Hamburg 1982

"Haben oder Sein", Die seelischen Grundlagen einer neuen Gesellschaft, 13. Aufl., München 1983

Gallati, A. — "Der Führungsstil und seine Beeinflußbarkeit", St. Galler Dissertation, Diessenhofen 1977

Galperin, H. — "Das Betriebsverfassungsgesetz 1972", Leitfaden für die Praxis, Heidelberg 1972

Gmür, U., Menzl, A. — "Mehrdimensionale und flexible Organisationsformen", Bern 1974

Goossens, F. — "Moderne Unternehmungs-Leitung", München 1958

Gracián, Baltasar — "Handorakel und Kunst der Weltklugheit", Deutsch von Arthur Schopenhauer, Stuttgart 1973

Grochla, E. — "Unternehmungsorganisation", Neue Ansätze und Konzeptionen, Reinbek bei Hamburg 1972

"Neue Konzepte der Unternehmensorganisation", in: Unternehmensführung, Festschrift für Erich Kosiol, Hrsg. Jürgen Wild, Berlin 1974, S. 312

"Grundlagen der organisatorischen Gestaltung", Stuttgart 1982

Guss, K. (Hrsg.) "Gestalttheorie und Sozialarbeit", Darmstadt 1979

Gutenberg, E. "Unternehmensführung", Organisation und Entscheidungen, Wiesbaden 1962

Hauff, H.J.P. "Organisation in Industrieunternehmen", Wiesbaden, Berlin, München 1974

Heinen, E. (Hrsg.) "Betriebswirtschaftliche Führungslehre", Ein entscheidungsorientierter Ansatz, Wiesbaden 1978

Hellbrügge, Th., Rutenfranz, J., Graf, O. "Gesundheit und Leistungsfähigkeit im Kindes- und Jugendalter", Stuttgart 1960

Hennig, K.W. "Betriebswirtschaftliche Organisationslehre", 5. Aufl., Wiesbaden 1971

Hill, W., Fehlbaum, R., Ulrich, P. "Organisationslehre 1" Bern und Stuttgart 1976

Hoeth, F. "Variabilität und Konstanz als phänomenologische Kategorien", Gestalt Theory, Vol. 1, No. 1, 1979, S. 21

"Zur Diskussion des Prägnanzbegriffes", Gestalt Theory, Vol. 3, No. 3/4, 1981, S. 202

Hofstätter, P.R. "Psychologie", Fischer Lexikon, Nr. 6, 607-621 Tsd., Frankfurt a. M. 1977, S. 185 f.

Holzkamp, K.	"Kann es im Rahmen der marxistischen Theorie eine kritische Psychologie geben?", in: "Kritische Psychologie", Hrsg. Karl-Heinz Braun und Klaus Holzkamp, Band I, Köln 1977, S. 47-49
Herrmann, Th.	"Psychologie als Problem", Herausforderungen der psychologischen Wissenschaft, Stuttgart 1979
Höhn, R.	"Die Stellvertretung im Betrieb", 3. Aufl., Bad Harzburg 1971
	"Die Tücken der Stellenbeschreibung", management heute + marktwirtschaft, Heft 11, 1975, S. 9
	"Kreativität und Führungsstil", management heute, Heft 5, 1977, S. 23
Höhn, R., Böhme, G.	"Stellenbeschreibungen - aber richtig", Bad Harzburg 1977
	"Führungsbrevier der Wirtschaft", 9. Aufl., Bad Harzburg 1977
Instititut für Betriebswirtschaft an der Handelshochschule St. Gallen	"Organisationsbrevier", 4. Aufl., Bern, Köln und Opladen 1965
Irle, M.	"Macht und Entscheidungen in Organisationen", Studie gegen das Linie-Stab-Prinzip, Frankfurt 1971

Jakob, H. — "Unternehmungsorganisation", Gestaltung und Entwicklung sozio-technischer Systeme, Stuttgart, Berlin, Köln, Mainz 1980

Jungbluth, A. und Mitarbeiter — "Arbeitsdirektor und Betrieb", Erfahrungsbericht aus einem Hüttenwerk, München 1957

Jungbluth, A., Mommsen, E.W. (Hrsg.) — "Angewandte Arbeitswissenschaft", München 1968

Katz, D. — "Gestaltpsychologie", bearbeitet und ergänzt von Wolfgang Metzger, Michael Stadler und Heinrich Crabus, 4. Aufl., Basel/Stuttgart 1969

Klee, J., Brändle, R. — "Grundlagen der modernen Unternehmensführung", Frankfurt und New York 1973

Klehm, W. R., — "Mit 50 'freigesetzt' - wozu?", Die Zeitung ZWAR, Zwischen Arbeit und Ruhestand, Heft 2, Dortmund 1984, S. 5

Köhler, W. — "Die Aufgabe der Gestaltpsychologie", übersetzt aus dem Englischen von Hertha Kopfermann und Lili Köhler, Berlin und New York 1971

König, R. — "Herrschaftsformen", in: Handwörterbuch der Organisation, Hrsg. Erwin Grochla, Stuttgart 1969, Sp. 671

Korndörfer, W. "Allgemeine Betriebswirtschaftslehre", Aufbau- Ablauf - Führung und Leitung, 2. Aufl., Wiesbaden 1972

"Unternehmensführungslehre", 2. Aufl., Wiesbaden 1979

Kosiol, E. "Organisation der Unternehmung", 2. Aufl., Wiesbaden 1976

Krech, D., Crutschfield, R.S. "Grundlagen der Psychologie", Band I, aus dem Amerikanischen übersetzt von Hans Werner Wendt und Otto M. Ewert, 6. Aufl., Weinheim, und Basel 1974

Krenn, St. und Pfaff, K. "Die Herausforderung des Helfens", Dortmund 1984

Krüger, W. "Konfliktsteuerung als Führungsaufgabe", Positive und negative Aspekte von Konfliktsituationen, München 1973

"Aufgabenanalyse, Renaissance einer Organisationstechnik", Zeitschrift für Organisation, 50. Jahrg. 1981, Heft 4, S.188 f.

Lück, H.E. "Feldtheoretische Betrachtungen zur Hilfeleistung", in: Guss, K. (Hrsg.), "Gestalttheorie und Sozialarbeit", Darmstadt 1979, S. 45 ff.

Lückert, H.R. "Psychologie", in: Staatslexikon Band 6, 6. Aufl., Freiburg 1961, S. 560 f., 566 f.

"Konfliktpsychologie", 6. Aufl., München und Basel 1972

Lewin, K. "Feldtheorie in den Sozialwissenschaften", Bern, Stuttgart, Wien 1963

Matussek, P. "Kreativität als Chance", Der schöpferische Mensch in psychodynamischer Sicht, München 1974

Mayntz, R. "Soziologie der Organisation", 46.-48. Taus., Reinbek bei Hamburg 1976

Merz, F. "Aggression und Aggressionstrieb", in: Handbuch der Psychologie, Band 2, Göttingen 1965, S. 592

Metzger, W. "Figural-Wahrnehmung", in: Handbuch der Psychologie, Band I, 2. Aufl., Göttingen 1974, S. 700, 761

"Psychologie", 5. Aufl., Darmstadt 1975

Mierke, K. "Wille und Leistung", Göttingen 1955

Morf, G. "Einführung in die Psychologie", 5. Aufl., München und Basel 1970

Müller-Pleuss, J.H. "Organisationsmethoden", 4. Aufl., Heidelberg 1974

Naase, Ch. "Konflikte in der Organisation", Stuttgart 1978

Nordsieck, F. "Rationalisierung der Betriebsorganisation", 2. Aufl., Stuttgart 1955

"Betriebsorganisation", Lehre und Technik, Textband, 4. Aufl., Stuttgart 1972

Pfaff, K. "Sinn der Krankheit - Unsinn von Normalität", Über gesunde Wandlung und kranke Erstarrung, in: Gesundheitslernen - Aufgabe für jeden, Hrsg.: Abteilung Gesellschaftswissenschaften, Philosophie und Theologie der Universität Dortmund (Abt. 14) und Institut für Dokumentation und Information über Sozialmedizin und öffentliches Gesundheitswesen (idis), Bielefeld 1984, S. 21 f.

"Lernen und Lieben wider die Ordnungen", Dortmund 1984

Pfaff, K. und Krenn, St. "Hilfreiche Beziehungen für Jung und Alt", Schriftenreihe der "Zentralstelle für Weiterbildung und Kontaktstudium im außerschulischen Bereich" der Universität Dortmund, Reihe: Theorie, Analysen, Entwicklungen, Befunde, Heft 8, Dortmund 1983

"Last und Lust des Lesens", Reflexionen und Erfahrungen zum Lesen, Lernen und Denken, Dortmund 1984

"Mutwillige Grenzüberschreitungen", Des Selbstverneiners Selbstentlassung aus dem Gefängnis, Dortmund 1984

Piel, W. "Kleines Lehrbuch der Lernpsychologie", Braunschweig 1977

"Wissenschaftstheoretische Probleme der Sonderpädagogischen Psychologie", in: Bürli, A. (Hrsg.), Sonderpädagogische Theoriebildung, Luzern 1977, S. 100

"Gestalttheorie als Wissenschaft und als Wissenschaftstheorie", in: Gestalttheorie und Sozialarbeit, Hrsg. Kurt Guss, Darmstadt 1979

"Das Erlernen von Motiven durch Objektion als Gestaltungsprozeß", Gestalt Theory, Vol. 2, No. 1/2, 1980, S. 52 f. und 57 f.

Popp, M. "Einführung in die Grundbegriffe der Allgemeinen Psychologie", 2. Aufl., München und Basel 1979

Refa-Buch Band 1, "Arbeitsgestaltung", 10. Aufl., München 1961

Refa, Verband für Arbeitsstudien "Methodenlehre des Arbeitsstudiums, Teil 1, Grundlagen, 2. Aufl., München 1972

Reuter, H. "Gedanken zum schöpferischen Prozeß in der bildenden Kunst", Die Bedeutung der Ausdruckstheorie Arnheims für die monographische Analyse eines Bildes von Emil Nolde, Gestalt Theory, Vol. 6, No. 4, December 1984, S. 261

Rohracher, H. "Einführung in die Psychologie", 11. Aufl., München, Berlin, Wien 1976

Rolf, H. "Das Problem der optimalen Größe von Reparaturwerkstätten in Betrieben der Eisen schaffenden Industrie", Kölner Dissertation 1960

"Zum Problem der Anwendung des kooperativen Führungsstils", management heute, Heft 4, 1977, S. 7 und 10

"Zum Problem der Leitungsspanne in Großunternehmen der Industrie", Teil I, management heute, Heft 1, 1978, S. 6 ff., Teil II, Heft 2, 1978, S. 7-11

"Kann es einen einheitlichen Führungsstil im Unternehmen geben?" management heute, Teil I, Heft 2, 1979, S. 20 f., Teil II und III, Heft 3, 1979, S. 27-30, Teil IV, Heft 4, 1979, S. 28-30

"Zur Untersuchung und Gestaltung von Arbeitsabläufen in der Verwaltung der Unternehmung", management heute, Heft 1, 1980, S. 33-40

Rosenstiel, von, L. "Arbeitsgruppe", in: Organisationspsychologie, Hrsg. Arthur Mayer, Stuttgart 1978, S. 237, 245, 247

"Grundlagen der Organisationspsychologie", Stuttgart 1980

Roth, H. "Pädagogische Psychologie des Lehrens und Lernens", 15. Aufl., Hannover, Berlin, Darmstadt, Dortmund 1976

Ruhleder, R.H. "Rhetorik, Kinesik, Dialektik", Redegewandtheit, Körpersprache, Überzeugungskunst, 4. Aufl., Bad Harzburg 1983

Sader, M. "Ganzheitspsychologische Aspekte in der neueren Persönlichkeitspsychologie", Gestalt Theory, Vol. 5, No. 4, 1983, S. 241

Sander, F. "Experimentelle Ergebnisse der Gestaltpsychologie", Bericht 10. Kongreß Gesellschaft experimentelle Psychologie, 1927

Schade, B. "Umwelt und Gesundheit", in: Gesundheitslernen - Aufgabe für jeden, Bielefeld 1984, S. 75

Schurig, V. "Der Gegenstand der Psychologie als historisches Verhältnis von Natur und Gesellschaft", in: Kritische Psychologie, I. Kongreß Kritische Psychologie in Marburg vom 13. bis 15. Mai 1977, Hrsg. Karl-Heinz Braun und Klaus Holzkamp, Band I, Köln 1977, S. 90

Secord, P.F., Backman, C.W. "Sozialpsychologie", Ein Lehrbuch für Psychologen und Pädagogen, übersetzt aus dem Amerikanischen von A. Eher, U. Rennert, K. Siegfried, 3. Aufl., Frankfurt 1980

Seefelder, M. Vorstandsvorsitzender der BASF-AG, in einem Interview durch Knut Bleicher, Zeitschrift für Organisation, 46. Jahrg. 1977, Heft 1, S. 27

Selg, H. "Einführung in die experimentelle Psychologie", 4. Aufl., Stuttgart, Berlin, Köln, Mainz 1975

Selg, H., Bauer, W. — "Forschungsmethoden der Psychologie", 3. Aufl., Stuttgart, Berlin, Köln, Mainz 1976

Selinger, K. — "Organisation der BASF-Gruppe", Zeitschrift für Organisation, 46. Jahrg. 1977, Heft 1, S. 19 und 21

Scharmann, Th. — "Leistungsorientierte Gruppen", in: Handbuch der Psychologie, Band 7/2, Sozialpsychologie, Göttingen 1972

Schindel, V., Wenger, E. — "Führungsmodelle", in: Betriebswirtschaftliche Führungslehre, Ein entscheidungsorientierter Ansatz, Hrsg. E. Heinen, Wiesbaden 1978, S. 115

Schmidtke, H. — "Die Ermüdung", Bern und Stuttgart 1965

Schmölders, G. — "Das elende Kauderwelsch der Fachleute", Frankfurter Allgemeine Zeitung vom 9.2.1976, Nr. 33, S. 13

Schneider, S. — "Konflikte in einer Matrixorganisation", Zeitschrift für Organisation, 44. Jahrg. 1975, Heft 6, S. 326 und 328

Schwarz, H. — "Die kombiniert verrichtungs- und objektorientierte Arbeitsteilung innerhalb der Unternehmensleitung als Erscheinungsform der Anwendung des Matrix-Prinzips", Zeitschrift für Organisation, 45. Jahrg. 1976, Heft 8, S. 443

Schwarz, H. — "Betriebsorganisation als Führungsaufgabe", 8. Aufl., München 1977

Schwarz und Mitarbeiter — "Arbeitsplatzbeschreibungen", 7. Aufl., Freiburg 1979

Stadler, M., Stegagno, L., Trombini, G. — "Quantitative Analyse der Rauschschen Prägnanzaspekte", Gestalt Theory, Vol. 1, No. 1, 1979, S. 42

Staerkle, R. — "Die Gestaltung der Unternehmensorganisation zur Bewältigung neuer Aufgaben", in: Strukturwandlungen der Unternehmung, Festschrift zum 70. Geburtstag von Emil Gsell, Hrsg. Vera Ganz und Hans Ulrich, Bern und Stuttgart 1969, S. 210

Steinkopff, J. — "Semantische Betrachtungen zum Begriff 'Gestalt'", Gestalt Theory, Vol. 1, No. 1, 1979, S. 12 und 15 f.

Steinmann, H., Heinrich, M., Schreyögg, G. — "Theorie und Praxis selbststeuernder Arbeitsgruppen", Eine Analyse der Erfahrungen in Skandinavien, Veröffentlichungen der Stiftung Gesellschaft und Unternehmen, Heft 6, Köln 1976

Strutz, H. — "Umweltveränderungen und organisatorischer Wandel", Zur Einführung der Produktbereichsorganisation, Zeitschrift für Organisation, 46. Jahrg. 1977, Heft 6, S. 307

Tenckhoff, Ph. "Führung mit Zielsetzung und analytische Leistungsbeurteilung", Zeitschrift für Organisation, 43. Jahrg. 1974, Heft 8, S. 432

Türk, K. "Grundlagen einer Pathologie der Organisation", Stuttgart 1976

"Instrumente betrieblicher Personalwirtschaft", Neuwied 1978

"Soziologie der Organisation", Stuttgart 1978

Ulrich, H. "Organisation und Organisieren in der Sicht der systemorientierten Managementlehre", Zeitschrift Führung + Organisation, 54. Jahrg., Heft 1, 1985, S. 10

Ulrich P., Flüri, E. "Management", Bern und Stuttgart 1975

Ulrich H., Staerkle, R. "Verbesserung der Organisationsstruktur von Unternehmungen", 2. Aufl., Bern 1962

Veelken, L. "Gesundheit im Alter - Aufgaben für Ältere", in: Gesundheitslernen - Aufgabe für jeden, Bielefeld 1984, S. 40

Walter, H.J. "Gestalttheorie und Psychotherapie", Darmstadt 1977

Weber, H. "Funktionsorientierte und produktorientierte Organisation der industriellen Unternehmung", Zeitschrift für Betriebswirtschaft, 38. Jahrg. 1968, Nr. 8, S. 599

Weinert, A.B. "Lehrbuch der Organisationspsychologie", Menschliches Verhalten in Organisationen, München, Wien, Baltimore 1981

Weinhandl, F., (Hrsg.) — "Gestalthaftes Sehen", Ergebnisse und Aufgaben der Morphologie, zum hundertjährigen Geburtstag von Christian von Ehrenfels, 2. Aufl., Darmstadt 1967

Wellek, A. — "Ganzheitspsychologie und Strukturtheorie", 2. Aufl., Bern 1955

Wild, J. — "Product Management", 2. Aufl., München 1973

Wiswede, G. — "Gruppe im Betrieb", in: Handwörterbuch der Betriebspsychologie und Betriebssoziologie", hrsg. von P.G. von Beckerath, P. Sauermann, G. Wiswede, Stuttgart 1981, S. 187

Wöhe, G. — "Einführung in die Allgemeine Betriebswirtschaftslehre", 10. Aufl., Berlin und Frankfurt 1971

<u>Gesetze</u>

Aktiengesetz, 18. Aufl., München 1982

GmbH-Gesetz, 18. Aufl., München 1982

Betriebsverfassungsgesetz 1972
Montanmitbestimmungsgesetz 1951
Mitbestimmungsgesetz 1976

Sachregister

Über den Autor

Horst Rolf, geb. 1925 in Dortmund; 1932-1943 Volksschule und Hittorf-Oberschule in Recklinghausen; 1943-1945 Reichsarbeitsdienst, Luftwaffe, Fallschirmjäger; 1946 Oberschule in Hamm, 1947 Reifeprüfung.

1947-1948 Hilfsarbeiter bei der C. Deilmann Bergbau GmbH und Wix & Liesenhoff GmbH; 1949-1951 Kfm. Lehrling bei der Dortmunder Union Brückenbau-AG, Kaufmannsgehilfenprüfung.

1951-1955 Studium der Rechts- und Wirtschaftswissenschaften an den Universitäten Münster und Köln, 1955 Diplomprüfung für Kaufleute, Diplomarbeit: "Die Organisation des Reparaturwesens in einem Eisenhüttenwerk"; 1960 Promotion zum Doktor der Wirtschaftswissenschaften (Dr. rer. pol.) an der Universität zu Köln bei Herrn Prof. Dr. Dr. h.c. Theodor Beste, Dissertation: "Das Problem der optimalen Größe von Reparaturwerkstätten in Betrieben der Eisen schaffenden Industrie".

1956-1960 Organisator bei der Rheinstahl Eisenwerke Gelsenkirchen AG und Phoenix Rheinrohr AG, 1961-1964 Leiter der Organisationsabteilung der Hüttenwerk Salzgitter AG.

1964-1970 Studienrat, Oberstudienrat und Studiendirektor an der Höheren Wirtschaftsfachschule der Stadt Dortmund. 1968-1970 Pädagogischer Leiter des Seminars für Arbeits- und Wirtschaftserziehung Dortmund (nebenamtlich), 1969-1970 Lehrauftrag an der Pädagogischen Hochschule Ruhr, Abt. Dortmund, im Fach Wirtschafts- und Arbeitslehre. 1971 Fachhochschullehrer an der Fachhochschule Dortmund, Fachbereich Wirtschaft, 1973 Erteilung der Berechtigung, neben der Amtsbezeichnung die Bezeichnung Professor zu führen, 1980 Ernennung zum Professor.

1980-1986 Studium der Psychologie, Soziologie und Pädagogik an der Universität Dortmund; 1986 Diplomprüfung für Pädagogen und Promotion zum Doktor der Philosophie (Dr. phil.) im Hauptfach Psychologie bei Herrn Prof. Dr. Klaus Bräuer.

Lehrgebiet an der Fachhochschule Dortmund: "Betriebswirtschaftslehre, insbes. Unternehmensorganisation und Organisationspsychologie."

Veröffentlichungen: Kölner Dissertation 1960, Dortmunder Dissertation 1986 und eine Reihe von Aufsätzen über Unternehmensorganisation und Menschenführung.